# LA CATHÉDRALE DU MANS

## AU XIXe SIÈCLE

# ESSAI

## SUR LES TRAVAUX

FAITS A LA

# CATHÉDRALE DU MANS



## PENDANT LE XIXe SIÈCLE

PAR

**M. l'abbé F. PICHON**

Chan. hon., Secrét. de l'Évêché.

LE MANS

LEGUICHEUX-GALLIENNE, IMPRIMEUR-LIBRAIRE

15, RUE MARCHANDE ET RUE BOURGEOISE, 16

1876

# LA CATHÉDRALE DU MANS

## AU XIX$^{e}$ SIÈCLE

A partir du moment où le glorieux apôtre du Maine, saint Julien, consacra au culte de Dieu la demeure du Défenseur de la cité cénomane et y établit son siége épiscopal, dans le premier siècle de notre ère, l'église cathédrale a subi bien des modifications. Nous en retrouvons la trace dans le monument lui-même qui nous montre, encore aujourd'hui, quelques parties remontant au XI$^{e}$ siècle et peut-être plus haut, à côté d'autres qui ne datent que du XVI$^{e}$. Nous lisons surtout avec un vif intérêt, soit dans les monuments primitifs de nos annales ecclésiastiques, soit dans les récentes publications d'érudits archéologues et de savants historiens, le récit des communs efforts faits par les évêques du Mans et par les fidèles pour relever ou agrandir ce vénérable monument, plusieurs fois ruiné par le temps, les incendies ou le malheur des guerres A côté de ces gigantesques efforts du passé, peut-être ne sera-t-il pas sans intérêt de rappeler ce qui s'est fait, surtout pour la conservation et la restauration de la cathédrale, depuis le rétablissement du culte en 1802 jusqu'à nos jours (1).

I

Avant la Révolution, le Chapitre du Mans, richement doté, était chargé de faire face à tous les frais du culte divin dans la cathédrale et de pourvoir à l'entretien de ce vaste édifice. Des rentes spéciales étaient affectées à ces besoins (2). Une des principales ressources de la cathédrale fut cependant, avec la générosité de divers bienfaiteurs, la munificence des évêques du Mans. Les derniers travaux entrepris pour la décoration de la cathédrale le furent aux frais de Mgr de Grimaldi, et nous en voyons encore aujourd'hui des restes nombreux.

La Révolution de 1793 dépouilla la cathédrale, non-seulement de ses revenus, mais encore des richesses intérieures, que plusieurs siècles y avaient accumulées et qui avaient échappé à la fureur des calvinistes : orfévrerie sacrée, ornements servant au culte divin, riches tentures ou tapisseries, tout fut détruit, vendu à vil prix ou porté à la Monnaie. Une seule cloche fut épargnée. Mais du moins la cathédrale elle-même nous était conservée avec ses splendides verrières ; et le Mans, plus heureux que beaucoup d'autres villes épiscopales, retrouvait intact, en 1802, le magnifique monument un instant menacé par la fureur révolutionnaire.

Mais comment réparer tant de désastres ? Comment avec les faibles revenus de l'église paroissiale faire face aux frais du culte et aux dépenses d'entretien du monument lui-même ?

Après le Concordat, la jurisprudence administrative déclara que les frais du culte dans l'église cathédrale, comme les dépenses des évê-

(1) Pour ce travail nous avons eu principalement recours aux archives de l'Évêché, où se trouvent conservées les propositions des architectes pour les travaux projetés à la cathédrale, et les décisions des ministres pour les autorisations des travaux et les ouvertures de crédit.

Quelques notes laissées par M. le chanoine Lottin nous ont servi pour faire connaître l'état de l'ancienne salle capitulaire, sur laquelle il avait recueilli les souvenirs de M. le chanoine Pilon de Saint-Chereau, l'inscription du timbre de l'horloge de la cathédrale, et enfin le travail de restauration de la verrière du bas de la nef, auquel M. Lottin prit une grande part.

(2) Voir sur les revenus de la *Forge* les détails que donne M. Bellée, dans son remarquable travail sur le Chapitre de la cathédrale du Mans, *Bulletin de la Société d'Agriculture, Sciences et Arts de la Sarthe*, année 1874, p. 844.

chés ou des séminaires diocésains, étaient une charge, non de la paroisse, ou même de la ville, mais du département entier. Comme le diocèse du Mans avait deux départements, chacun d'eux dut contribuer à cette dépense en proportion de sa population : la Sarthe pour 5/9, et la Mayenne pour 4/9.

Nous voyons par une lettre du ministre des cultes, du 11 fructidor an XIII (31 août 1805), que la Mayenne était en retard pour solder la part qui lui revenait dans cette dépense. Le 21 octobre 1806, le ministre de l'intérieur rappelle aux préfets que les conseils généraux peuvent voter 4 centimes par franc pour les frais du culte ; et enfin une lettre du ministre des cultes au préfet de la Mayenne, en date du 6 janvier 1809, lui fait connaître qu'une somme de 20,000 francs ou au minimum 18,000 francs, répartie entre la Sarthe et la Mayenne dans les proportions ci-dessus indiquées, est nécessaire pour les frais du culte à la cathédrale.

En 1812, la subvention de la Mayenne s'élevait à 37,869 francs, et comme la Sarthe devait fournir un neuvième en plus, nous trouvons une somme de plus de 80,000 fr. pour les besoins de la cathédrale.

Une portion assez notable de ces allocations départementales était affectée aux suppléments de traitement pour l'évêque, les vicaires généraux et les chanoines, et pour les dépenses du bas-chœur et de la psallette de la cathédrale. Nous ignorons la part attribuée aux gros travaux de l'édifice. Nous savons seulement qu'une des voûtes du transept, près des orgues, s'écroula et dût être refaite, et qu'on refit aussi les verrières du chœur, dans la travée au dessus de la sacristie, qu'une tempête avait détruites en 1809 (1).

## II

Par une circulaire du 21 octobre 1808, le ministre des cultes rappela aux préfets de quelle utilité avaient été les anciennes maîtrises des cathédrales pour répandre l'étude et le goût de la musique, et combien il importait de rétablir partout des institutions qui avaient rendu de si grands services à l'Eglise et à l'Etat, et d'où étaient sortis plusieurs musiciens célèbres.

(1) Le Mans ancien et moderne, par M. Richelet, p. 57.

Le préfet de la Sarthe, M. Auvray, montra le plus grand empressement pour répondre aux désirs exprimés par le ministre. Les deux départements de la Sarthe et de la Mayenne votèrent pour le bas-chœur et la maîtrise de la cathédrale des subventions qui pendant plusieurs années s'élevèrent à 18,000 francs (1).

M. Auvray fit le voyage de Paris pour y retrouver Marc, l'ancien maître de chapelle de la cathédrale avant la Révolution, et qui avait laissé au Mans comme musicien une réputation justement méritée. Marc reprit avec bonheur ses anciennes fonctions : il sut de nouveau grouper autour de lui de nombreux artistes et amateurs de la belle musique religieuse ; et les solennités de la cathédrale retrouvèrent, sous ce rapport, leur ancienne splendeur (2).

Les enfants reçus à la psallette n'étaient pas, comme aujourd'hui, de simples externes : ils étaient pensionnaires, logés, nourris et entretenus aux dépens de la fabrique ainsi que les maîtres chargés de leur instruction. Le maître de chapelle et l'organiste étaient chargés de leur montrer, l'un le solfége, le chant, le violoncelle et le contrepoint; le second, le clavecin, l'orgue et l'accompagnement. Ces études musicales se faisaient concurremment avec les études littéraires.

Il fallait donc trouver auprès de la cathédrale un local approprié à cette nouvelle destination : on se résolut à démolir l'ancienne salle capitulaire et la chapelle ou église de Saint-Michel et à les remplacer par une maison qui servirait de salle capitulaire et pour les besoins de la maîtrise.

Au dessus de l'église de Saint-Michel existaient des greniers qui avaient été aliénés pendant la Révolution et dont M. Bureau, curé de la cathédrale, était devenu propriétaire (3). Par un traité approuvé le 14 décembre 1810, M. Bureau céda les deux greniers, à la condition que la cathédrale lui abandonnerait seize mètres carrés de terrain dans l'abside de la chapelle Saint-Michel.

(1) Les allocations pour le bas-chœur furent réduites à 15,000 francs, et, en 1823, à 10,000 francs. Depuis 1830, elles ne sont plus que de 5,000 francs. La cathédrale de Paris reçoit à ce titre de l'État une subvention de 30,000 francs.

(2) Voir la notice de M. Boyer sur François Marc, p. 48.

(3) M. Bureau était propriétaire d'une maison joignant la chapelle de Saint-Michel. Comme nous le verrons plus tard, elle a été détruite pour construire l'escalier qui fait communiquer la place des Jacobins avec la place Saint-Michel.

M. Lechesne, entrepreneur, s'engagea à bâtir la nouvelle maison. Monseigneur l'Evêque du Mans et M. Bureau, curé de Saint-Julien, stipulant l'un et l'autre au nom de la cathédrale, abandonnèrent à l'entrepreneur les matériaux à provenir de l'ancienne tour Souty, de l'ancienne salle capitulaire (1) et enfin de la chapelle ou église Saint-Michel. L'entrepreneur devait recevoir en outre une somme de 12,800 francs, qui lui fut payée en 1810 et 1811.

## III

Nous avons dit que la Révolution n'avait laissé à la cathédrale qu'une seule cloche (2). C'était au moins la plus grosse (3) et la plus

(1) Il ne reste plus de l'ancienne salle capitulaire que la porte d'entrée, à l'intérieur de la cathédrale, qui sert maintenant pour une des petites sacristies. Cette porte, très-ornée et dans laquelle on retrouve des traces de peinture, est divisée en deux parties : l'une donnait accès à la bibliothèque et à la chambre des comptes, situées au dessus de la salle capitulaire, dans laquelle on descendait du chœur par un escalier de 25 marches.

La salle capitulaire formait un carré parfait de 9 mètres dans œuvre. Une grande fenêtre ouvrant sur le jardin du Chapitre, et presqu'entièrement encore garnie de vitraux peints au moment de la Révolution, éclairait seule cette salle, dont les voûtes reposaient, au milieu, sur une colonne unique comme dans la sacristie actuelle. Du côté par lequel on entrait se trouvait une chaire avec un dais fermé ou abat-voix supporté par quatre piliers. Les trois autres côtés étaient garnis de bancs en pierre, revêtus de bois, sur lesquels prenaient place les chanoines suivant leur rang d'installation, à droite et à gauche du doyen, qui avait sa place au milieu et au dessous de la fenêtre. Devant lui, à un bureau placé près de la colonne, se tenait le secrétaire du Chapitre.

Tout autour de la salle les dossiers des bancs étaient formés par des grandes armoires qui ont été transportées dans la cathédrale, et mises d'abord derrière les dossiers des stalles des deux côtés du chœur. L'enlèvement des dossiers des stalles a forcé de les déplacer, en 1857.

Deux portes ouvraient l'une sur une petite cour, l'autre dans le jardin du Chapitre.

(2) Nous ne parlons pas ici du timbre de l'horloge de la cathédrale, qui n'a jamais servi qu'à cet usage. Ce timbre, qui pèse de 1500 à 1800 livres, parait antérieur au XVe siècle. Le marteau, qui le frappe depuis si longtemps, a laissé de nombreuses empreintes sur le bronze qu'on a dû retourner plusieurs fois.

Le timbre porte deux inscriptions : la première est en latin.

SANCTA MARIA, ORA PRO NOBIS DEUM.

La seconde est en français, et en lettres gothiques comme la première.

SANTE : DE : CORPS : ET : PARADIS : A : LAME : DOINT : IHVCRIST : ATOUT : HOME : ET . FAME : QUI : POUR : MOY : FAIRE : DE : SES : BIENS : DONR : A : ET : DE : MON : SON : MAINTENIR : PENSERA.

(3). Le bourdon pesait 11,094 livres, comme le constate le procès-verbal de remise au fondeur du métal qui en provenait.

belle. Elle avait été donnée par le cardinal Philippe de Luxembourg, vers la fin du XVe siècle, et refondue en 1609, par les soins de l'évêque du Mans, Charles de Beaumanoir de Lavardin, ainsi que le témoignait l'inscription suivante, mise sur le bourdon :

Luxemburgensis dederat dono ante Philippus
Rubro quando caput factum est insigne galero.
Carolus Antistes dictus nunc donat me
Sociamque jam cœtus grandi ære refecit,
Romæ Pauli anno quinto Papæ ordine quinti
Francorum Henrico quarto atque Navarræ.

Le 31 mars 1811, la fabrique décida qu'on ferait fondre une seconde cloche du poids de 3,000 livres, et chargea de ce travail M. Piqué, fondeur à Alençon. Cette cloche fut bénite, le 14 juin 1811, par Mgr de Pidoll, dans la chapelle de la Sainte-Vierge. Le parrain fut M. Harmand d'Abbancourt, préfet de la Mayenne; et la marraine, Mme Françoise Pellegrain de l'Estang, épouse de M. Louis-Marie Auvray, baron de l'Empire, colonel d'infanterie, et préfet de la Sarthe.

Pendant qu'on s'occupait de cette seconde cloche, un accident survint au bourdon. En vain on essaya de le réparer; et, le 14 juin 1811, le conseil de fabrique chargea M. Piqué de le refondre. L'opération eut lieu à la fin de l'année.

Le nouveau bourdon ne pesait plus que 9,023 livres. Il fut reçu sur un rapport favorable de MM. Duménil d'Hauteville, artiste, Maulny, membre de la Société des arts de la Sarthe, et Marc, maître de chapelle à la cathédrale. Le baptême eut lieu le 12 janvier 1812. Sans en avoir l'assurance, nous pensons que les parrain et marraine furent les mêmes que pour la cloche précédente.

Malgré cette double refonte de cloches, la Cathédrale du Mans n'en possédait que deux. Le 8 juin 1817, le conseil de Fabrique accepta avec reconnaissance l'offre que lui fit M. le chanoine Roman, au nom de plusieurs bienfaiteurs, d'une somme de dix mille francs qu'on désirait employer à l'achat d'une troisième cloche (1).

(1) M. Michel Roman était originaire du diocèse de Gap. Il avait fait l'éducation d'un jeune homme de grande famille qui le recommanda à M. de Gonssans, évêque du Mans. M. Roman fut nommé chanoine de la Cathédrale en 1787 : il n'émigra point, et se tint caché pendant la Révolution dans la ville du Mans,

Elle fut fondue par Piqué, et elle pesait 4737 livres.

La bénédiction en fut faite le 4 janvier 1818 par Mgr Duperrier, vicaire-général du Mans, évêque nommé de Tulle, et cependant elle portait l'inscription suivante : « L'an 1817, j'ai été bénite par « Mgr Michel-Joseph de Pidoll, évêque du Mans, et nommée Adé« laïde-Louise, par M. le chevalier Jules-Paul Pasquier, maître des « requêtes, préfet du département de la Sarthe, et Mme Adélaïde« Louise de Forgeuse de la Rochebousseau, marquise de Rochemore. »

M. le marquis de Rochemore, général de brigade, commandait le département de la Sarthe.

M. le chanoine Roman fit une nouvelle offrande de 4,500 francs, pour acheter une quatrième cloche du poids de 2,000 livres, qui serait spécialement destinée à sonner gratuitement le trépas des pauvres. Le Conseil de fabrique accepta cette offre dans sa délibération du 2 août 1818, et chargea M. Lechesne, fondeur au Mans, de faire cette nouvelle cloche, dont le poids fut de 2,220 livres.

Elle fut bénite le 22 octobre 1818, par Mgr Duperrier, évêque nommé de Tulle, et cependant, comme sur la précédente, l'on avait inscrit : « L'an 1818, j'ai été bénite par Mgr Michel-Joseph de Pidoll, « évêque du Mans, — du règne de Louis XVIII, roi de France et de « Navarre, et nommée Marie-Adélaïde, par M. Jacques-Louis Belin « de Beru, écuyer, membre du Conseil général, et par dame Marie« Adélaïde Belin des Roches, marquise de Montesson. »

Cette dernière cloche et celle dont nous avons parlé en premier lieu subsistèrent jusqu'en 1859, époque où, comme nous le dirons, la sonnerie de la cathédrale fut entièrement reconstituée. Au contraire, le bourdon ne tarda pas à être brisé, et, dès l'année 1821, nous voyons qu'on s'occupa de sa refonte. Le 18 février, le Conseil de fabrique prend le soin d'acheter lui-même le métal nécessaire pour augmenter le poids du bourdon et faire fondre une cinquième cloche, et il chargea le fondeur Lechesne de cette double opération. La fonte

le plus souvent chez Mme veuve de Courteille, sœur de M. l'abbé Livré. Il fut nommé chanoine titulaire au Concordat, et il mourut au Mans le 16 août 1826, dans sa soixante-treizième année. Par son testament du 1er septembre 1825, M. le chanoine Roman fit plusieurs libéralités à des établissements religieux et spécialement à la Cathédrale, à laquelle il légua sa maison place Saint-Michel, n° 1.

se fit dans la cour du Séminaire ; mais elle ne réussit pas. Quoique le bourdon pesât 13,797 livres, il n'avait qu'un son inférieur à une cloche d'un poids de 2,000 livres en moins. Le 19 janvier 1823, le Conseil de fabrique remercia M. Lechesne et chargea un autre artiste, M. Thomas Henry, de la refonte de ses cloches, et cette fois avec un meilleur succès. Le nouveau bourdon pesait 10,257 livres, et la petite cloche 1,700 livres seulement. Voici l'inscription que portait le bourdon : « L'an 1823, j'ai été béni par Mgr Claude-« Madeleine de la Myre, évêque du Mans, et nommé Julienne par « Marie-Monique-Antoinette, née Cavalier de Mocomble, épouse de « M. Charles-Joseph Coster, préfet du département de la Mayenne, « chevalier de l'ordre royal de la Légion d'honneur et de l'ordre de « Sainte-Anne de Russie, et M. Claude-François d'Arbelles, maître « des requêtes au Conseil d'Etat, membre de la Légion d'honneur, « préfet du département de la Sarthe. »

La petite cloche fut bénite aussi en 1823 par Mgr de la Myre; mais probablement à cause de son peu d'importance elle n'eut ni parrain ni marraine. Les inscriptions qu'elle portait, ni le registre des délibérations de la fabrique de la cathédrale ne le constatent pas.

Le gouvernement donna un secours de 2,100 francs pour aider à la refonte des cloches; et la fabrique, qui avait acheté pour 6,466 francs de métal, donna en plus aux fondeurs 6,617 francs.

Il lui restait un peu de métal. Soit que la cloche bénite le 4 janvier 1818, fut brisée, soit que, pour la mettre d'accord avec le reste de la sonnerie, il fut nécessaire d'en augmenter le poids, le conseil de fabrique en décida la refonte qui fut faite par Peigné et Henry Thomas. Voici l'inscription de cette dernière cloche : « L'an 1825, « j'ai été bénite par Mgr Claude de la Myre, évêque du Mans, et « nommée Joséphine par M. le baron Alexandre-André d'Arbelles, « chevalier de l'ordre royal et militaire de saint Louis, et de celui « de la Légion d'honneur, préfet du département de la Sarthe, et « par dame Joséphine de Monti, épouse de M. Alexandre de Freslon, « maître des requêtes du département de la Mayenne (1). »

(1) Nous n'avons eu au Mans qu'un seul préfet du nom d'Arbelles; nous ne savons d'où vient cette différence dans les prénoms.

## IV

Pendant plusieurs années les subventions votées par les Conseils généraux de la Sarthe et de la Mayenne pour les frais du culte à la cathédrale et pour l'entretien du monument furent remises entre les mains du trésorier de la fabrique, qui acquittait les dépenses. Les comptes de la fabrique de la cathédrale nous donnent donc, sous ce rapport, quelques détails intéressants.

Par décret du 12 juillet 1808, la fabrique avait été autorisée à faire démolir l'église de Saint-Pierre, à vendre les matériaux et à céder le terrain à la ville du Mans pour l'agrandissement d'une place publique. Elle reçut 12,500 francs de cette double vente.

Elle fit l'acquisition d'un ornement blanc pontifical qui coûta 7,015 francs; de vases sacrés et d'argenterie pour 7,736 francs; du tabernacle du maître-autel en marbre blanc, avec ornements en cuivre doré pour 3,548 francs ; et enfin d'une statue en argent de la Sainte Vierge qui coûta 6,984 francs. Un bienfaiteur avait donné pour cette dernière acquisition 3,000 francs. Ces divers achats se firent de 1811 à 1819.

En 1814, la fabrique commença la restauration des chapelles rayonnantes autour du chœur. On en releva le sol pour le mettre au niveau de celui de l'église (1). Toutes les chapelles (2) furent garnies de grilles en fer forgé et décorées d'un nouvel autel en marbre avec rétable. Nous lisons dans l'*Annuaire de la Sarthe* de 1820 : « Dans les chapelles, formant l'enceinte du chœur, « sont autant d'autels dont les décorations étaient fort anciennes et « dans un goût voisin du gothique. Chacune d'elles était fermée par

(1) Pour entrer de l'église dans le revestiaire ou sacristie, il fallait aussi descendre quelques marches. Plus loin, au bout de ce que nous appelons aujourd'hui l'avant-sacristie, l'on devait descendre de nouveau un assez grand nombre de marches pour arriver au revestiaire proprement dit, duquel on ne pouvait, étant debout, voir dans le chœur.

Il n'y avait primitivement aucune communication entre le revestiaire et la salle capitulaire. Le petit bâtiment qui plus tard servit de passage, avait été construit en 1619, comme oratoire pour le célébrant.

(2) Les titulaires de ces chapelles étaient : la Sainte-Vierge, le Sacré-Cœur, N. D. de Pitié, le Sépulcre, Saint-Joseph, Saint-Jacques, Saint-Martin, Saint-Liboire, Saint-François, Saint-Charles et Sainte-Scholastique.

« une grille de bois également ancienne, puisqu'elle remontait vers « le temps peu éloigné de la construction du chœur. Toutes ces déco« rations, en bois, ont été enlevées pour faire place à d'autres beau« coup plus modernes et l'on a placé des grilles en fer à chacune des « chapelles. Tout cela a été dirigé par les soins de M. Roman, l'un « des chanoines titulaires actuels. »

« On remarquait aussi des fonts baptismaux en cuivre, qu'on « devait aux libéralités de Philippe de Luxembourg, alors évêque « du Mans et cardinal de la sainte Église romaine. Ces fonts étaient « supportés par trois lions de grandeur naturelle, aussi en cuivre. « Au devant de l'un de ces lions étaient représentées les armoiries « de Luxembourg (1). »

Nous ne savons si, comme l'assure M. Ouvrard, les grilles des chapelles et les autels étaient du XIIIe siècle. Ce qui est certain c'est que les autels furent remplacés par des tombeaux en marbre d'un goût douteux, et que, pour établir les rétables, on ne recula pas devant la mutilation des gracieuses arcatures qui font l'ornement des chapelles. La perte des fonts baptismaux, dus à la munificence du cardinal Philippe de Luxembourg, n'est pas moins regrettable ; et la vulgaire cuve en marbre qui les remplace ne nous console point de leur disparition.

A la même époque, on fit établir les grilles et les portes latérales des bas-côtés du chœur : ce travail coûta 4,300 francs. Pour toutes ces dépenses, qui s'élevèrent assez haut, les deux Conseils généraux de la Sarthe et de la Mayenne allouèrent un secours de 6,000 francs (2).

A partir de l'année 1817, l'État centralisa les centimes additionnels votés par les départements pour l'entretien des monuments dits diocésains : cathédrales, évêchés et séminaires. La cathédrale du Mans ne semble avoir eu qu'à se louer de ce nouvel ordre de comptabilité. Nous trouvons, en effet, dans un relevé de compte que pen-

(1) *Notice des plus notables changements et embellissements opérés dans la ville du Mans depuis un demi-siècle*, par Ouvrard.

(2) Le 5 septembre 1806, le ministre de la guerre accorda à Mgr de Pidoll une grille en fer du poids de 10·7 kil., déposée dans les magasins du génie militaire au Mans. La remise en fut faite à Sa Grandeur accompagnée de M. le chanoine Roman, que nous voyons en toute circonstance déployer le plus grand zèle pour pourvoir à la décoration de la Cathédrale.

dant un seul intervalle de onze ans, de 1814 à 1825, l'État avait payé pour les grosses réparations de ce monument une somme totale de 260,017 fr. 57 c.

Nous n'avons malheureusement pas le détail des travaux qui furent exécutés; mais nous savons que d'importantes réparations furent faites à la charpente, à la couverture, et aux arcs-boutants; et enfin que la cathédrale fut entièrement repavée en pierres de la Vacherie et le chœur en dalles de marbre.

## V

Nous devons d'autant plus admirer les sacrifices pécuniaires faits par les deux départements de la Sarthe et de la Mayenne, soit pour les frais du culte, soit pour la restauration de la cathédrale, que les circonstances où se trouvait la France étaient plus graves et plus douloureuses. Pendant toute la durée de l'Empire, des guerres incessantes et enfin une double invasion de l'étranger, épuisèrent les ressources de la France. Le 16 avril 1814, le préfet de la Mayenne écrivait à Mgr de Pidoll, réclamant l'arriéré de 1813, que « le payeur du dépar- « tement n'avait dans ce moment à sa disposition de fonds « que pour le service de la guerre ou le paiement des frais occasion- « nés par le passage continuel des prisonniers de guerre. »

Le rétablissement de la famille des Bourbons sur le trône de France vint heureusement changer cet état de choses, et dès le 30 septembre 1814, M. Pasquier, préfet de la Sarthe, écrivait qu'on avait mis à sa disposition un crédit de 90 650 francs pour différentes dépenses du culte, et spécialement 42,600 fr. pour les grosses réparations de la cathédrale. Il ajoutait : « Je me propose, Monseigneur, de profiter « du restant de la belle saison pour commencer sans délai les répa- « rations de la cathédrale. Demain, je me concerte avec M. l'ingénieur « en chef, sur le meilleur mode et le plus prompt pour terminer les « travaux à faire et s'occuper, s'il est possible, de la reconstruction « de la voûte ou au moins d'en préparer et assurer les moyens pen- « dant l'année prochaine. »

C'était, en effet, l'ingénieur en chef du département de la Sarthe qui, depuis le rétablissement du culte, dirigeait les travaux exécutés à la cathédrale ; et, nous devons l'avouer, il le faisait avec aussi peu de connaissances archéologiques que de goût véritable.

Nous nous contenterons, à l'appui de notre jugement, de raconter les faits suivants. En 1809 ou 1810, les galeries et les beaux clochetons qui ornaient le porche du *cavalier*, en face de la Grande-Rue, se trouvaient en mauvais état et menaçaient ruine. L'ingénieur ne trouva rien de mieux à faire que de les raser complétement, et de remplacer la toiture par une terrasse plate couverte en bitume (1)

Un peu plus tard, en 1811, un ouragan détruisit complétement les verrières du chœur de la cathédrale, dans la travée qui se trouve au dessus et du côté de la sacristie. On eut probablement très-volontiers, à cette époque, remplacé ces verrières par du verre blanc ; mais une lumière trop abondante faisait perdre leur éclat à toutes les autres verrières du chœur. L'architecte chargé de réparer le dommage ordonna de prendre ce qui restait d'anciennes verrières dans la nef de la cathédrale, et de les placer dans les fenêtres du chœur, sans ordre et sans choix, et en sacrifiant sans regret les parties qui ne se prêtaient pas aux dispositions des lancettes des fenêtres. Il semblait que l'imagination du verrier s'était donné libre carrière pour mêler volontairement tous les sujets (2).

En 1825, la direction des travaux de la cathédrale fut confiée à un jeune architecte de beaucoup de talent, M. Delarue, qui en resta chargé pendant vingt-quatre ans. Nous ne saurions approuver tout ce qu'il a fait pour l'entretien ou la décoration de la cathédrale ; mais ce que nous pouvons louer sans réserve, c'est le dévouement plein de respect et d'admiration qu'il éprouvait pour le vénérable monument

(1) La première année de la *Province du Maine* nous donne dans son frontispice une vue du cavalier ainsi découronné, et dont l'aspect est fort disgracieux.

(2) Un simple défaut de surveillance dans la réparation des verrières suffit pour causer une perte irréparable. Dans la magnifique verrière du transept de la cathédrale, une princesse de la famille d'Anjou ayant perdu sa tête dans une tourmente, le vitrier lui a mis sur les épaules un quartier du blason des Luxembourg, représentant une comète à 16 raies, puis par dessus à un pied des épaules environ, il a ajusté une tête d'homme très-fine et fort joliment peinte, de l'époque d'Henri III, mais qui produit l'effet le plus burlesque du monde. Le portrait d'un personnage historique se trouve ainsi perdu ! — *Archives historiques de la Sarthe*, p. 92.

qui lui était confié. A une époque où beaucoup d'architectes étaient portés, par suite même des études qu'ils avaient faites de l'art grec ou romain, à dédaigner comme barbares les monuments du moyen âge, M. Delarue sut goûter l'architecture gothique, et, l'un des premiers dans notre pays, il s'en inspira pour construire l'église d'Écommoy.

En 1825, l'État chercha à se rendre compte des besoins des cathédrales dont il avait pris la charge. Il résulte d'une lettre de Mgr d'Hermopolis, ministre des affaires ecclésiastiques, du 26 mai 1825, que l'on estimait à plus de 20 millions les réparations ou constructions à faire à ces édifices.

Malgré des besoins si multipliés, la cathédrale du Mans obtint, pendant les quatre années 1826, 1827, 1828 et 1829, de nouvelles subventions pour travaux extraordinaires (1) s'élevant à plus de 100,000 francs, non compris une somme annuelle de 6,000 francs accordée pour le seul entretien de l'édifice. Dans un rapport adressé au ministre des affaires ecclésiastiques en 1828, M. Delarue prouvait que cette allocation n'avait rien d'exagéré et que le seul entretien de la couverture d'un édifice aussi considérable que la cathédrale avait coûté 2,980 francs en 1827.

En 1821, le mausolée de la reine Bérengère, veuve de Richard Cœur-de-Lion, fut transféré à la cathédrale, de l'église de l'ancienne abbaye de l'Épau.

Le 17 septembre 1827, la duchesse d'Angoulême visita l'église cathédrale, où elle fut reçue par le clergé.

En 1828, on établit pour la première fois des paratonnerres sur la cathédrale : l'État accorda 2,694 francs pour cette installation.

## VI

En 1829, Mgr Carron succéda sur le siége du Mans à Mgr de la Myre. Pendant les quatre années qu'il y passa, il mit tous ses soins à restaurer et à décorer la cathédrale, malheureusement, nous devons le dire, avec plus de zèle que de bon goût. Voici une note, écrite de la main du prélat, qui nous fait connaître l'état de la cathédrale

(1) Ces travaux eurent pour objet principal la restauration des arcs-boutants et contre-forts.

du Mans en 1830 : « La cathédrale est à l'extérieur un beau et ma« jestueux vaisseau ; mais à l'intérieur les voûtes, les murs, les « boiseries, les stalles, les grilles, les tambours, tout, le pavé « excepté, est dans un état de malpropreté dont il est impossible de « se faire une idée à moins qu'on ne l'ait vu. Il y a plusieurs trous « dans les voûtes de la nef ; les murs tout à nu dans la majeure « partie des bas-côtés ; les boiseries et les stalles n'ont pas été « repeintes depuis qu'elles existent, et elles sont fort anciennes. Il « en est de même des grilles du chœur, du sanctuaire et des cha« pelles. Les trois portes principales sont toutes vermoulues et à « jour de tous les côtés.

« Rien n'est décent ni convenable dans le trône épiscopal. Les « jours où l'évêque officie, il n'y a ni tapis ni carreau. La tenture du « trône, le fauteuil du prélat, les siéges des assistants étaient déjà « vieux lorsqu'ils furent achetés, il y a vingt-six ans. On peut juger « d'après cela dans quel état ils sont maintenant. »

Dans son excessive horreur de tout ce qui sentait la vétusté, Mgr Carron n'épargna rien ; et si la cathédrale lui est redevable de cette apparence de propreté qui impressionne favorablement tous ceux qui la visitent, les archéologues ont peine à lui pardonner plusieurs des travaux exécutés, à cette époque, sous son inspiration immédiate. Les stalles du chœur et leurs dossiers ornés de bas-reliefs représentant la vie entière de N. S J.-C., les armoires de la sacristie et celles placées autour du chœur furent recouvertes d'une épaisse couche de peinture jaune ; toutes les grilles furent repeintes, et le stuc du bas des colonnes du chœur remis à neuf (1).

La Révolution de 1830, dont le caractère primitif était antireligieux, fit craindre que l'État cessât de contribuer, aussi efficacement qu'il l'avait fait jusqu'alors, à l'entretien et aux réparations de la cathédrale. Il n'en fut rien, heureusement ; et si nous voyons une légère interruption des travaux, à la fin de 1830, nous pouvons

(1) Mgr Carron pourvut aussi la cathédrale de linge et de plusieurs objets qui devaient augmenter la splendeur du culte divin. C'est à lui qu'on doit les deux encensoirs et leurs navettes en vermeil qui coûtèrent 1,100 francs ; les candélabres et les girandoles qui servent encore aujourd'hui, et qui furent payés 2,400 francs.

constater, en 1831, une allocation de 41,567 francs, et en totalité de 112,932 francs pendant les cinq années de l'épiscopat de Mgr Carron, sans y comprendre jamais les 6,000 francs accordés pour l'entretien annuel ordinaire. En approuvant cette allocation de 6,000 fr. le 7 octobre 1833, le ministre des cultes ajoutait : « Cette somme pour « simple entretien d'un édifice, auquel depuis si longtemps ont été « exécutés des travaux de restauration générale si considérables, « peut paraître excessive, comparée à ce que coûte la même nature « de besoins dans les autres cathédrales du royaume. »

Les gros travaux de la cathédrale eurent pour objet l'achèvement du pavage de la nef et du chœur, la réfection des portes extérieures, la réparation des voûtes de la nef et de plusieurs chapelles, la continuation des travaux aux grands et aux petits contre-forts et enfin la construction de la sacristie de paroisse qui sert aujourd'hui de salle capitulaire.

La réfection des voûtes des bas-côtés de la nef leur avait donné une apparence de netteté qui rendait plus sensible encore la saleté des murs noircis par le temps. Mgr Carron avait déjà fait badigeonner la sacristie et la chapelle de N.-D. de Pitié : à plusieurs reprises il sollicita du ministère des cultes l'autorisation de faire le même travail dans toute la nef. Le ministre se montra longtemps très-opposé à cette opération, qui cependant reçut à la fin son approbation.

Mgr Carron attachait une extrême importance à ces travaux intérieurs de la cathédrale, lesquels commencés en 1830 continuèrent pendant le reste de son épiscopat. Il écrivait à ce sujet au ministre des cultes, le 25 février 1833 : « Je désire avec une ardeur extrême « l'achèvement de la restauration intérieure de la cathédrale du « Mans. Je m'en occupe depuis trois ans avec une assiduité con- « stante ; et mes soins, secondés par vos prédécesseurs, ont déjà « opéré un changement considérable dans toutes les parties de ce « bel édifice. Ne refusez pas, je vous le demande par grâce, de les « seconder de la même façon. C'est un des plus précieux encourage- « ments que vous puissiez m'accorder. Je sollicite en particulier « votre bienveillant intérêt en faveur de notre jeu d'orgue qui est « vraiment dans un état pitoyable. »

Il est impossible, même en blâmant les travaux au point de vue archéologique, de ne pas être touché du dévouement du vénérable prélat pour la décoration de sa cathédrale.

En 1830, Mgr Carron obtint encore de l'État 1,870 francs pour la confection du trône épiscopal, dont la dépense totale, pour le dôme doré et pour les tentures dépassa 3,000 francs. Cette subvention assez minime, accordée dans les derniers jours de la Restauration, ne fut payée qu'en 1833, après bien des difficultés.

## VII

Nous venons de voir que Mgr Carron réclamait un secours de l'État pour la restauration du grand orgue de la cathédrale. Ce magnifique instrument, dû à la munificence du cardinal Philippe de Luxembourg à la fin du XVe siècle, et restauré par le chapitre en 1531 et 1535, avait beaucoup souffert. Le 27 mai 1833, le ministre des Cultes alloua 6,800 francs pour le travail de réparation qui fut confié aux frères Claude, facteurs d'orgues à Nancy. La dépense dépassa notablement les prévisions; et cependant le résultat était si peu satisfaisant qu'une nouvelle demande dut être adressée au Ministère des cultes quelques années après. Le ministre répondit le 2 mai 1842 à Mgr Bouvier : « Vous m'avez fait l'honneur de me recommander le « projet montant à 16,100 francs, rédigé par le sieur Guillouard, « facteur, pour divers travaux à faire à l'orgue de votre église cathé- « drale, et ayant particulièrement pour objet d'accroître l'étendue « et la puissance de cet instrument. »

« En recourant au dossier, je trouve que des travaux considérables, « qui se sont élevés à près de 12,000 francs, furent exécutés pour « réparer cet orgue et remédier aux défauts de sa construction ; qu'à « cet effet deux bombardes ayant été ajoutées, les experts déclarèrent « qu'il était grandement amélioré et que l'opération avait atteint son « but. »

Le ministre refusa donc d'approuver le projet de restauration présenté par M. Guillouard.

Dans une notice sur les orgues de la ville du Mans avant la Révolution, lue le 30 juin 1846 à une réunion de la Société pour la conservation des monuments historiques, M. Boyer disait de l'orgue de

Saint-Julien : « Il est composé de 42 jeux dont le mélange est « savamment combiné... Quatre énormes soufflets ont remplacé les « huit qu'on voyait autrefois. Situés dans une pièce isolée, leur « éloignement fait perdre au vent une grande partie de sa force pour « arriver aux sommiers qu'il ne peut alimenter que faiblement. Les « fonds sont bien nourris ; leurs sons veloutés flattent et remplissent « l'oreille. En général, l'harmonie de cet antique instrument s'est « conservée aussi pure que belle. Mais son mécanisme, qui a subi « bien des modifications, a toujours manqué par le point essentiel « qui est une bonne distribution du vent, afin que la note frappée « parle instantanément. »

Dans le même temps, une Commission, chargée de l'examen de l'orgue de la cathédrale, montrait aussi que le principal besoin de l'instrument était l'amélioration de la soufflerie. M. Garreaud, organiste de la cathédrale, chargé de faire le rapport, disait : « La réparation est « demandée parce que jusqu'à présent on n'a travaillé qu'à aug- « menter l'instrument sans songer que, vu le mauvais état des « sommiers, ces augmentations ne pouvaient produire l'effet désiré. « Ainsi, par exemple, dans l'exposé des facteurs Damblain, il est dit « que les bombardes ne produisent aucun effet. Cette assertion est « complétement fausse. Les bombardes, de même que les jeux de « fonds qui sont très-beaux, produiraient beaucoup d'effet si les « tuyaux étaient bien alimentés et qu'il n'y eut pas perte de « vent. »

Une nouvelle restauration de l'orgue et une refonte d'une partie des tuyaux furent cependant approuvées en 1846 par l'Etat, qui chargea les frères Claude de Nancy de ce travail, pour lequel on alloua une somme totale de 29,900 francs.

Les frères Claude avaient réparé beaucoup d'orgues de cathédrales ou d'autres églises très-importantes ; malheureusement il y avait dissentiment dans l'appréciation du mérite de leurs travaux. Ils avaient proposé tout d'abord, d'appliquer au sommier du Récitatif un appareil de leur invention qui devait donner plus de puissance à la soufflerie, promettant de l'enlever si l'essai ne réussissait pas. Les craintes exprimées sur le résultat définitif de leur travail empêchèrent qu'on autorisât cette expérience de leur invention.

Le travail de restauration de l'orgue de la cathédrale fut commencé en 1847 et achevé seulement en 1848. Une Commission avait été chargée de surveiller le travail, et la réception définitive ne s'en fit qu'après beaucoup d'hésitation et de temps en 1852.

En 1872, on se détermina enfin à corriger les défauts signalés dans la soufflerie. L'Etat accorda 5,000 francs, et la fabrique de la cathédrale se chargea du reste de la dépense qui s'éleva à 7,000 francs.

## VIII.

En 1834, Mgr Bouvier succéda à Mgr Carron sur le siége épiscopal du Mans, qu'il devait occuper vingt années.

En se rendant à Paris pour les informations canoniques de sa nomination, le nouveau prélat s'occupa des besoins de la cathédrale, presque entièrement dépourvue d'ornements convenables. Il obtint 8,050 francs pour un ornement pontifical en drap d'or et 3,300 francs pour un autre en velours noir. Quelques années plus tard, une nouvelle subvention de 2,560 francs lui permit de faire l'acquisition d'un ornement violet.

En 1822, la foudre étant tombée sur la tour de la cathédrale avait brisé la statue colossale de saint Aldric qui en couronnait la flèche (1). Cette flèche, menaçant ruine, avait été démolie; et elle n'avait été remplacée que par une charpente en planches protégeant le timbre de l'horloge, et empêchant les eaux pluviales de pénétrer dans la tour, mais produisant l'effet le plus disgracieux.

Les quatre clochetons des angles de la tour étaient dans le plus mauvais état; l'un d'eux surtout était une menace incessante, suspendue sur la tête des fidèles entrant dans l'église, et qui pouvaient être écrasés par les débris qui s'en détachaient

En 1835, M. Delarue, proposa de rétablir la flèche et les quatre clochetons qui, d'après les plans primitifs, couronnaient la tour de la cathédrale. Malheureusement, soit par économie, soit pour plus de

(1) Un très-curieux plan de la ville du Mans, conservé aujourd'hui au Secrétariat de l'Evêché, nous montre la tour de la cathédrale surmontée de la statue de saint Aldric. Les *Archives historiques de la Sarthe*, p. 43, signalent l'intérêt que présente ce plan, qui appartenait alors à Mlle de Villée.

facilité dans l'exécution, il fit faire en fonte la flèche et les clochetons, qui sont loin d'ailleurs d'être en proportion avec la haute et massive tour qu'ils couronnent (1)

Le 14 juillet 1835, le ministre des cultes accorda un crédit de 13,329 francs pour ce travail.

Les marches de l'escalier de la tour, surtout dans le bas qui servait plus fréquemment, étaient usées et devenaient dangereuses : M. Delarue fit revêtir ces marches de gradins en fonte. Sans en être certain, nous sommes porté à croire qu'à la même époque on remplaça aussi par des crochets et autres ornements en fonte ceux qui étaient brisés dans le dessous des galeries extérieures de la nef et du chœur de la cathédrale. Il eut été très-dispendieux d'enlever la corniche et la galerie pour refaire ces ornements, et l'architecte trouva sans doute bien plus facile et moins coûteux d'obtenir ces ornements par un moulage en fonte, et d'en faire une simple application. Mais la couleur de la fonte est bien différente de celle de la pierre ; et ces placages disparates font le plus mauvais effet. Quelque peu coûteux qu'ait été ce travail, si opposé aux véritables règles archéologiques, l'on peut toujours regretter une dépense inutile.

Presque chaque année nous voyons l'architecte de la cathédrale soumettre au ministre des cultes des projets pour la restauration de la cathédrale ; et chaque année aussi, sans les dépenses ordinaires de réparation et d'entretien qui s'élèvent de 5,000 à 6,000 francs, l'Etat accorde des subventions pour des travaux extraordinaires.

En 1837, il alloua 10,000 francs pour l'acquisition des deux maisons situées entre la tour de la cathédrale et le porche ou cavalier ; et l'on décida que ces maisons seraient abattues, ainsi que les magasins dits *la Sablière*, non aliénés pendant la Révolution, et qui avaient toujours servi de dépôt aux matériaux destinés aux réparations de la cathédrale.

Dans toutes les villes, autrefois si resserrées, les petits marchands ont toujours aimé à se grouper auprès des édifices religieux. Au Mans, comme ailleurs, les chanoines avaient autorisé la construction

(1) La flèche centrale de la cathédrale de Rouen, refaite en 1829, est aussi en fonte. Nous rappelons ce fait, non comme un modèle à imiter, mais au moins comme une excuse pour M. Delarue.

de maisons ou de boutiques dans tous les intervalles des contreforts, sans se préoccuper du danger de l'incendie, ni de l'inconvénient du mauvais écoulement des eaux pluviales qui croupissaient au pied des murs. Avant la Révolution, ces boutiques, au nombre de treize, produisaient un revenu de 166 livres 7 sous. Plusieurs restèrent la propriété de la cathédrale ; et, d'après les comptes de la fabrique, nous voyons jusqu'en 1820, une maison, deux emplacements et onze échoppes produire un revenu annuel de 254 francs. Ces constructions parasites avaient successivement disparu ; et les acquisitions faites par l'Etat en 1837, achevèrent de dégager la nef de la cathédrale (1).

Par suite de la démolition de la maison Poirier, le *cavalier* lui-même se trouvait dégagé. Ce porche était dans le plus mauvais état. La terrasse en bitume, qui lui servait de couverture, laissait les eaux s'infiltrer dans la voûte, et l'on pouvait craindre une ruine prochaine d'une des parties les plus intéressantes de la cathédrale du Mans, peu riche en sculptures. Voici la description que faisait de ce *cavalier* M. Mérimée, chargé d'inspecter les monuments diocésains (2) : « Le « portail méridional est aussi remarquable par son ornementation « que le portail occidental l'est par sa simplicité. La porte qui s'ouvre « au milieu de la nef est cintrée, précédée d'un porche ogival, et « flanquée de statues de rois ou de saints, merveilleusement sculptées, « absolument semblables pour le style et le travail à celles du portail « occidental de Chartres, auxquelles elles le cèdent à peine par « l'élégance et la finesse de l'exécution. Les voussures contiennent « quantité de figures d'anges et de compositions entières tirées de la « Bible. Enfin, sur le tympan et le bandeau d'imposte, on voit le Père « Eternel, avec les attributs symboliques des quatre évangélistes, et « probablement les douze Apôtres. Tout le luxe, toute la minutieuse « recherche de la sculpture bysantine se déploie dans ce portail,

(1) Une de ces maisons appartenait au Séminaire à qui elle avait été donnée par M. Marie, vicaire général et supérieur de cet établissement. La vignette de la première livraison de la *Province du Maine* nous montre une partie de la maison Poirier, qui touchait au cavalier, et dont la cour renfermait deux des contreforts du bas côté de la nef. Les magasins de la *Sablière* touchaient à la tour.

(2) Rapport au ministre de l'intérieur, t. I, p. 47.

« malheureusement fort mutilé aujourd'hui. Rien de plus riche, de « plus curieusement travaillé. »

M. Delarue n'eut pas de peine à faire comprendre tout l'intérêt archéologique qui s'attachait à la parfaite conservation du *cavalier*. Il obtint une allocation de 9,600 francs qui lui permit de refaire la toiture du porche. Malheureusement il se contenta, pour toute ornementation, d'une galerie crénelée qui ne remplace pas la belle galerie et les clochetons qui existaient autrefois.

La même année 1840, il obtint 1,820 francs pour réparer la partie supérieure de l'escalier qui conduit sur les voûtes de la sacristie. Le beau clocheton qui couronne cet escalier était dans un très-mauvais état; on craignait même qu'il ne tombât et ne causât des accidents. La restauration qu'on en fit lui a conservé son caractère primitif.

L'Etat alloua 4,389 francs pour la restauration de la grande fenêtre en verres blancs qui surmonte la nef de la cathédrale, dans la partie où elle se joint au chœur. On restaura aussi le fronton triangulaire, qui termine la toiture du chœur au-dessus de la nef.

## IX.

Dès l'année 1838, M. Delarue soumit au gouvernement un projet de restauration des verrières de la cathédrale (1). Un pareil projet, entrepris et mené à bonne fin, fait le plus grand honneur à cet architecte, qui, l'un des premiers en France, montra ce que l'on pouvait tenter pour l'entretien, la restauration et même l'imitation de ces splendides ornements de nos monuments religieux (2).

Comme nous l'avons déjà dit, un ouragan avait complétement détruit, en 1811, la onzième fenêtre du chœur, celle qui se trouve

(1) La cathédrale du Mans est l'une des plus riches en vitraux anciens. La plupart remontent au XIIIe siècle; plusieurs sont du XIIe, et quelques uns du XVe siècle. Sur une superficie de 2,093 mètres carrés de verrières, 1,300 environ sont en verres de couleur.

(2) Dans son *Archéologie chrétienne*, édition de 1847, p. 338, M. l'abbé Bourassé écrivait encore : « La peinture sur verre paraît presqu'entièrement « tombée dans le domaine des monuments antiques qu'on admire et qu'on ne « songe guère à renouveler. Depuis quelques années cependant, on travaille « à ressusciter un art qui a joué un si grand rôle dans toutes les constructions « religieuses du moyen âge. » Grâce à l'initiative de M. Delarue et de M. l'abbé Tournesac, Le Mans était à la tête de ce mouvement.

dans la travée du côté et au-dessus de la sacristie. Les meneaux même avaient été renversés, et les vitres tellement brisées, que rien n'en était conservé, et qu'on avait complétement perdu la notion des personnages ou des légendes de ces verrières. En 1815, les meneaux furent rétablis, et les lancettes garnies de vitraux pris dans les fenêtres de la nef ou des chapelles qui avaient encore conservé des verres peints. Des verrières de tous les siècles se trouvèrent mêlées ensemble; et des médaillons, unis à des portions de grands personnages où à des motifs d'architecture, de la manière la plus bizarre.

Cependant en examinant avec soin cette étrange mosaïque, on reconnut que la plus grande partie des médaillons, plus ou moins complets, donnaient la légende de saint Julien, et provenaient de la grande fenêtre du bas de la nef de la cathédrale.

M. Delarue entreprit de rétablir cette ancienne verrière, et de refaire à neuf celle qui avait été brisée en 1811. Il fit venir au Mans M. Fialeix, élève de la manufacture de Sèvres, préparé par ses premières études au travail qu'on devait lui confier; et aidé des conseils de M. le chanoine Lottin, il fit commencer le travail le 1er septembre 1840.

Le gouvernement avait alloué 7,294 francs.

« Il ne s'agissait pas, disait M. le chanoine Lottin, de faire un « travail tel qu'on aurait pu l'attendre de l'état actuel des sciences « et des arts; mais il fallait faire un ouvrage dans le goût et le style « du XIIe siècle, même avec tous les défauts de l'époque. Une restau- « ration doit s'harmoniser avec le travail primitif et non le surpasser. « M. Fialeix le comprit parfaitement, et l'exécution dépassa toutes « les espérances. Non-seulement il reproduisit des verres du « XIIe siècle, mais encore il sut leur imprimer cette teinte de vétusté « que sept siècles avaient déposée sur les premiers verres, à tel point « que dans l'atelier, à la portée de la vue naturelle, les hommes les « plus exercés ne pouvaient distinguer les uns des autres. Le travail « de M. Fialiex devait être accueilli avec faveur, et il le fut (1). »

(1) M. Richelet a publié en 1841 un travail sur la restauration de cette verrière de la cathédrale. Il loue les efforts persévérants de M. Delarue, qui a dirigé cet important travail, et de M. Fialeix qui « a fait preuve d'un véritable « talent, et dont l'essai ne laisse rien à désirer. » In-8° de 15 pages.

La fenêtre du portail de la cathédrale, à plein cintre, sans meneaux, a neuf mètres de hauteur sur cinq de largeur. Elle est divisée en 21 panneaux historiés allant de gauche à droite et commençant par le bas. Autour règne une bordure, avec liséré de chaque côté, d'une largeur de soixante-dix centimètres. Cette bordure a été copiée sur un fragment d'une ancienne bordure qui se trouvait alors dans la troisième fenêtre à gauche de la chapelle de la Sainte-Vierge. Les encadrements des médaillons sont aussi entièrement neufs, ainsi que onze panneaux. Les dix autres ont été restaurés avec adjonction, même dans ces derniers, de nombreuses parties neuves. On comprendra facilement que, même dans les parties les mieux conservées, il pouvait y avoir des vides, quand on saura que la verrière entière contient de 18,000 à 20,000 morceaux de verres. La coupe de ces verres et leur mise en plomb présentaient une sérieuse difficulté : le travail fut fait avec une grande intelligence et beaucoup d'habileté par M. Liégeois.

Le travail fut achevé le 8 avril 1841. Malgré l'extrême modicité des prix (1) la dépense surpassa un peu les prévisions ; et une nouvelle allocation de 2,063 francs fut accordée pour solde de cette restauration de la grande verrière de Saint-Julien.

Sans aucun doute, le travail de MM. Delarue et Fialeix est inférieur à ce qui s'est fait plus tard pour la restauration des verrières de la cathédrale, mais la place qu'il occupe l'empêche de produire tout son effet. Trop éclairé par les fenêtres de la nef, il perd une partie de son éclat. Sous ce rapport même, il l'emporte sur la magnifique verrière de La Rose, placée dans des conditions analogues, si supérieure par la perfection du dessin, à toutes les autres verrières de la cathédrale.

Voici l'indication bien sommaire des sujets qui forment dans cette verrrière la légende de Saint-Julien :

1° Saint Julien fait surgir la fontaine. — Neuf.

2° Son entrée dans la cité cénomane. — Restauré (2).

(1) Le mètre carré des médaillons, à refaire à neuf ou à réparer, n'était estimé qu'à 80 francs, et celui des grisailles, qu'à 40 francs.

(2) L'on a ajouté dans ce panneau : une tête, deux mains, deux morceaux de la draperie de saint Thuribe, huit morceaux de la porte de la ville, une

3° Les habitants viennent à sa rencontre — Neuf.

4° Défensor invite saint Julien à le venir voir. — Restauré.

5° Saint Julien devant Défensor. — Neuf.

6° Guérison d'un aveugle. — Neuf.

7° Défensor vient au devant de saint Julien. — Neuf (1)

8° Baptême de Défensor. — Restauré.

9° Saint Julien le bénit. — Restauré.

10° Défensor donne son palais pour servir d'église. — Neuf.

11° Saint Julien baptise les Manceaux. — Restauré.

12° Résurrection d'un enfant. — Restauré.

13° Délivrance d'une fille possédée. — Restauré.

14° Jeune fille délivrée d'un serpent — Restauré.

15° Délivrance des prisonniers. — Neuf.

16° Défensor sacré évêque d'Angers. — Restauré (2).

17° Saint Julien mis au tombeau. — Restauré.

18° Saint Julien apparaît à Défensor. — Neuf.

19° L'âme de saint Julien monte au ciel. — Neuf.

20-21. Anges qui encensent. — Neufs.

M. Delarue ne se contenta pas de restaurer la verrière de Saint-Julien; il fit refaire entièrement à neuf le vitrail de la grande fenêtre du chœur, brisée en 1811. Ce travail coûta 4,858 francs, qui furent alloués le 21 mai 1841. Il laissait beaucoup à désirer; et l'on se consola facilement de sa complète destruction par la grêle du 18 août 1858.

C'est à cette époque que M. Delarue entreprit, à ses propres frais, le calque de tous les vitraux de la cathédrale. Le 14 mars 1844, il en mit plusieurs feuilles sous les yeux de la Société française pour la conservation des monuments historiques, siégeant alors au Mans.

auréole, et sept morceaux de fond rouge. Il en est de même dans presque tous les panneaux restaurés.

(1) Dans ce panneau regardé comme neuf se trouvent cependant plusieurs anciennes parties du palais de Défensor.

(2) Les numéros 16 et 18 ont des sujets incertains. Les uns ont voulu y voir la consécration par saint Julien de Défensor envoyé pour évêque aux Angevins; d'autres la mission même de saint Julien ordonné par le pape saint Clément. D'après la position des panneaux, les auteurs de la restauration ont adopté la légende, assez peu prouvée, de l'envoi de Défensor à Angers pour y prêcher la foi.

« Tous les membres admirèrent la fidélité réellement surprenante « avec laquelle nos vitraux du XIIIe siècle ont été reproduits ; n'était « la transparence, on croirait voir les travaux un peu rudes encore « de notre ancienne école de vitrerie, mais déjà étudiés, quelquefois « élégants et toujours simples ou grandioses. Pour se rendre compte « de l'importance de ces calques, il faut bien comprendre qu'il ne « s'agit pas ici d'un à peu près reproduisant le galbe des figures, mais « bien d'un calque dans toute l'acception du mot, c'est-à-dire de l'œu- « vre elle-même dans la facture et le sentiment du dessin. Ici tout est « fidèlement reproduit, jusqu'au nombre des hachures qui forment les « ombres, jusqu'à l'épaisseur même de ces hachures, de telle sorte « que si nos verrières venaient à se briser, il serait aujourd'hui très- « facile de les restituer, en conservant rigoureusement la légende, le « style, et jusqu'au faire de l'art qui les a produites (1). »

M. Delarue en a fait don au musée archéologique du Mans, et ces calques ont servi à M. Hucher pour la splendide publication qu'il a donnée des vitraux de la cathédrale du Mans.

« C'est grâce à ces calques et à ceux que M. Lassus fit faire ensuite, « dit M. Hucher, que nous avons pu conduire à bonne fin notre « grand ouvrage sur les vitraux de la cathédrale..... Cette idée féconde « et sensée de mettre ainsi à l'abri de la destruction des œuvres « fragiles et éphémères comme des vitraux appartient entièrement à « notre ami (2). »

Les travaux de restauration des verrières de la cathédrale eurent une autre conséquence très-heureuse : la fondation dans la ville du Mans de plusieurs ateliers de peintures sur verre. M. Fialeix s'associa un peintre de mérite, M. Châtel, et continua, d'abord au Mans, puis à Mayet, des travaux qui ont porté au loin sa réputation.

A la même époque, en 1842, M. l'abbé Tournesac, prêtre sacristain de N.-D. de la Couture, fit garnir de vitraux peints la rosace occidentale et trois fenêtres de l'abside du chœur de cette église. M. Lusson, associé avec M. Bourdon, aidé d'artistes qu'il avait fait venir d'Allemagne, et encouragé par M. l'abbé Tournesac, établit au

(1) *Archives historiques de la Sarthe*, p. 91.
(2) Calques des vitraux de la cathédrale. Introduction.

4

Mans un atelier de peinture sur verre. Dès l'année 1845, nous le voyons poser dans la chapelle de la sainte Vierge à N.-D. de la Couture une verrière qui peut, sans trop de peine, soutenir la comparaison avec ce qu'on a fait de mieux de nos jours. (1).

M. l'abbé Moreau, supérieur de N.-D. de Sainte-Croix, essaya de faire peindre par des membres de sa Congrégation les vitraux nécessaires à la décoration de l'église conventuelle qu'il venait de construire; mais cette entreprise fût bientôt interrompue. (2) Les Religieuses du Carmel du Mans furent plus heureuses dans une tentative analogue. Après avoir décoré leur chapelle, elles acceptèrent des travaux pour des églises étrangères; et de cette heureuse initiative s'est formé au Mans un atelier de peinture sur verre, qui continue d'être en pleine prospérité, quoiqu'il ait cessé, depuis plusieurs années, d'être dirigé par les Carmélites.

## X.

En 1839, M. Delarue soumit au gouvernement un projet de reconstruction de l'autel de la chapelle de la sainte Vierge. Cet autel se composait d'une lourde masse en maçonnerie: le rétable était un sapin vermoulu, et le tabernacle, en si mauvais état, qu'on s'étonnait de le voir conserver si longtemps. Toute cette construction, en style grec, ne déparait pas seulement la chapelle de la sainte Vierge, élégant monument de la fin du XIIIe siècle, mais elle cachait les vitraux des fenêtres de l'abside.

M. Delarue demandait 4,121 francs pour refaire un autel, partie en pierres et partie en marbre, mais dont tous les ornements devaient être en zinc doré. Par une économie bien mal entendue, l'architecte de la cathédrale reculait devant l'emploi de la pierre, et il donnait la préférence au zinc comme plus facile à retoucher que la fonte, et plus solide que le carton pierre. Heureusement le ministre des cultes refusa d'allouer la subvention demandée. Un peu plus tard, en

(1) Ce vitrail fut fait d'après les cartons de Henri Gérente. Les *Annales archéologiques* de Didron en ont donné le dessin dans la livraison de juillet 1844.

(2) Cet atelier fut tout d'abord sous la direction de M. l'abbé Philbert, qui, après sa sortie de Sainte-Croix, a continué de s'occuper de vitraux peints.

1842, un autel en bois fut construit sur les dessins donnés par le P. Arthur Martin, et la dépense en fut couverte par les offrandes des fidèles. C'est celui qui existe encore aujourd'hui.

En démolissant l'ancien autel, on remarqua que certaines portions des murs, auxquels cet autel tenait, laissaient voir, après son enlèvement, quelques traces de peinture. L'attention ainsi éveillée, M. Delarue ordonna de gratter avec précaution l'espèce d'enduit étendu uniformément ; et de cette façon, l'existence d'un système complet de décorations coloriées put bientôt être constatée. Cela se passait dans les parties inférieures de la chapelle. Procédant par induction, l'architecte jugea que des ornements n'existaient pas seulement en cet endroit, et les voûtes lui semblèrent devoir être les premières surfaces sur lesquelles avaient à se porter de nouvelles investigations. Cette conjecture n'était point erronée, et le hasard lui prêtant de son bonheur, fit que précisément la place d'abord mise au jour permit aussitôt de distinguer une des têtes les plus charmantes et les mieux conservées de toutes celles qui subsistent encore. Après un long travail les peintures cherchées revirent le jour, dans le même état où elles étaient quand elles disparurent, au siècle dernier ; le badigeon ayant été dès lors motivé, ainsi que tout porte à le croire, par leur dégradation (1).

Les armoiries de l'évêque du Mans Gontier de Baignaux, parfaitement conservées, répétées jusqu'à 36 fois, coordonnées avec toutes les autres décorations de la chapelle, montraient évidemment à qui ces peintures devaient être attribuées. Dans son histoire des évêques du Mans, Le Corvaisier dit d'ailleurs expressément : « Il en fit azurer, « dorer et embellir de diverses peintures les murs et les voûtes (de « la chapelle de la sainte Vierge), et y fit apposer en divers endroits « ses armes qui étaient d'or à 4 orles de sable » (2).

Nous savons que pendant son épiscopat (1368-1385) Gontier adopta

(1) Nous nous servons pour cette partie de notre travail des *Notes sur les peintures murales de la chapelle de la sainte Vierge*, publiées en 1848 par M. Ad. d'Espaulart (in-8° de 85 pages, chez Monnoyer). Cette publication est devenue rare ; et nos lecteurs nous sauront gré, nous n'en doutons pas, d'en extraire la description de ces peintures murales, qui, malgré leur détérioration, sont encore l'une des choses les plus dignes d'intérêt de notre cathédrale.

(2) Hist. des évêques du Mans, page 603.

la chapelle de N.-D. du Chevet pour son oratoire d'affection. Il aimait à y venir prier aux pieds de la sainte Vierge, et il avait voulu y reposer après sa mort. En conséquence il s'y était fait préparer un mausolée en marbres blanc et noir, sur lequel il fit placer sa statue gisante avec deux anges qui supportaient le chapeau épiscopal. Ce monument fut détruit par les protestants en 1562, et la perte en était estimée à 4,000 fr., somme très-élevée pour l'époque.

Gontier de Baignaux avait exercé de hautes fonctions dans l'État sous le roi de France Charles V ; il avait eu de nombreuses relations avec les papes, soit à Avignon, soit à Rome ; et par suite avec les peintres italiens, élèves de Cimabué et de Giotto, qui, à cette époque, décoraient les églises de leurs admirables fresques. Sans doute l'Évêque du Mans fit venir quelques-uns de ces artistes ; et ces peintres, appartenant selon toute probabilité à l'école de Florence (1), ont laissé dans la chapelle de N.-D. du Chevet des travaux aussi remarquables par leur exécution que par l'époque à laquelle ils remontent, et qu'on s'étonne, à juste titre, de retrouver après 34 années dans le même état de dégradation où ils apparurent de nouveau en 1842.

Quand nous parlons des peintures de la chapelle de N.-D. du Chevet, nous comprenons surtout celles qui décorent les voûtes. Il en existe d'autres cependant dans les arcatures qui forment la galerie inférieure de cette chapelle, mais tellement effacées qu'on y distingue à peine quelques têtes. Une entre autres, dans la partie centrale du chevet, derrière l'autel, nous montre le Christ en buste, de la main gauche, enveloppée dans son manteau, portant le globe du monde, figuré par une sphère découpée d'une croix, de la droite, bénissant à la manière latine, les trois premiers doigts ouverts. Sa tête est en-

(1) « Il est dans les arts, dans l'aspect d'une peinture, un sentiment intime « qui vous pénètre et échappe à l'analyse ; des affirmations puissantes d'origine, « qu'on sent et que les mots ne sauraient rendre, et dont le résultat définitif « est d'apporter à l'esprit une conviction profonde..... Les artistes qui traçaient « ces peintures appartenaient aux écoles ultramontaines, et, selon toutes les « probabilités à celle de Florence. ... Les œuvres de l'homme auxquelles ces « peintures ressemblent le plus sont celles dues au pinceau de Simon « Memmi. » — Ad. d'Espaulart, *Notes sur les peintures murales de la chapelle de la sainte Vierge*, p. 84.

vironnée d'un nimbe crucifère ; son vêtement a la forme d'une robe recouverte par un manteau, dont le haut est brodé d'un large orfroi. Ces peintures, qui paraissent antérieures à celles de la voûte, présentent tous les caractères de l'art bysantin. Elles ne sont du moins certainement pas l'œuvre des mêmes artistes.

Les peintures de la voûte sont d'un bien plus grand intérêt. Là, se déroule une page entière, complète. Quarante-huit personnages, grands comme une petite nature, y prennent place dans un but commun, dans une même action. Lorsque en bas, à l'autel, le prêtre célèbre les saints mystères, que les fidèles agenouillés adorent et prient, à cette voûte, qui représente le ciel, des anges planent, les ailes étendues, formant un concert muet mais incessant à la gloire de l'Immaculée mère du Christ. Les uns jouent d'instruments ; les autres, tenant entre leurs mains des livres, des banderolles, des phylactères sur lesquels sont notés des airs et leurs paroles, chantent les louanges de Marie.

La chapelle de N.-D. du Chevet est formée de trois travées terminées par une abside à cinq pans. Dans les compartiments des voûtes, séparés les uns des autres par des nervures, se groupent d'une manière symétrique les exécutants du céleste concert. Sur les compartiments à larges bases, à sommets très-ouverts, sont représentés seulement deux personnages en entier, les pieds tournés du côté de la retombée des voûtes, les têtes élevées vers leurs clefs. Chacune des autres divisions en contient trois, un au sommet et deux à la base ; ceux-ci peints des pieds à la tête, et suivant la courbe des nervures, l'autre vu seulement jusqu'à la naissance des jambes et sortant d'un nuage. Chaque groupe de trois ou de deux concourt à l'exécution générale de la même manière, c'est-à-dire chantant tous les deux ou tous les trois, jouant d'instruments aussi tous les deux aussi tous les trois. Assez généralement les voûtes placées en regard dans chaque travée présentent des exécutants différents ; dans l'une des instrumentistes, dans l'autre des chanteurs ; de telle sorte que la symétrie, toujours maintenue, n'engendre pas néanmoins une invariable uniformité, et que l'œil peut sans cesse chercher avec intérêt, ignorant ce qu'il va trouver. Il en est de même aux voûtes du chevet. Deux figures ne se ressemblent jamais, et chez ces quarante-huit personnages, quarante-huit poses, toujours gracieuses et correctes viennent attester et de l'habileté et de la puissance inventive de l'artiste dont ils sont l'œuvre.

Les visages aussi, quoique dérivant d'un même type, se produisent variés de mouvements et d'expressions. Un ange prie et chante, les yeux baissés; un autre, le regard porté vers le royaume de Dieu, semble y jeter les élans de son cœur et les mélodies de sa voix ; tous en un mot, adorent et glorifient, mais avec les nuances, les formes particulières dont se revêt chaque caractère individuel.

La plus grande partie des instruments se peut très-exactement distinguer. On remarque la harpe, le triangle, le violon, le luth, la cornemuse, la flûte double avec une seule embouchure, la guitare, l'olifant, le tambourin, le monocorde ou grand violon formé par une caisse longue et étroite sur laquelle s'étendent, d'une extrémité à l'autre, deux cordes à l'unisson, relevées au milieu sur un chevalet ; la mandoline et enfin la grande trompette droite.

Ceux des anges, qui ne sont pas occupés avec des instruments, étalent des livres ou des phylactères recouverts d'écritures. De ces inscriptions, les unes accompagnent la notation, comme poésie, tandis que les autres ne sont tracées qu'à titre de maximes ; mais toutes extraites de l'office de la sainte Vierge, célèbrent les louanges de la bienheureuse mère de Dieu (1).

Les notes du chant grégorien, inscrites au dessus des paroles, ne sont pas seulement une apparence de musique tracée suivant le caprice du peintre, mais représentent bien réellement des airs dont la liturgie faisait usage au XIV<sup>e</sup> siècle, et dont nous nous servons encore aujourd'hui.

Les costumes se composent de deux vêtements distincts. Une robe d'abord, tombant du cou aux pieds, que souvent même elle dépasse et recouvre, mais en laissant nus le cou et les mains. Par dessus ce premier habit est jeté un ample manteau d'étoffe, qui, placé sur les épaules, se drape sur les bras et déroule ensuite ses plis tout le long

(1) Il est facile d'en lire onze, dont quelques-unes seulement sont en partie effacées ; nous en citons deux comme exemples :

Sancta et immaculata Virginitas quibus....
Salve sancta p...ens, et...

du corps et par delà les pieds. Toujours il porte une doublure, d'une couleur différente de celle du dessus. Une seule figure, au lieu de manteau, a sa robe recouverte par une dalmatique à larges manches.

Toutes les têtes d'anges ont leurs blonds cheveux séparés au milieu du front et retombant en mèches libres sur le cou et les épaules. Grâce à leur arrangement, qui les reporte en arrière, rien ne dissimule le haut du visage. Des diadèmes dorés, à ornements en relief, ceignent la naissance de ces cheveux, tandis que plus loin le nimbe sacré leur sert de dernier couronnement.

Toutes ces figures se distinguent par un aspect élancé, leur grâce, l'élégance et la souplesse de leurs mouvements, en un mot par une beauté vraiment idéale et céleste (1).

Telle est cette chapelle de N.-D. du Chevet à la cathédrale. En 1862, on l'a décorée d'un pavé incrusté en forme de mosaïque; et nous pouvons espérer qu'elle retrouvera bientôt ses splendides verrières, dont trois lancettes ont été reposées cette année. La restauration des anciennes peintures dues à Gontier de Baignaux ferait de cette chapelle un bijou d'une merveilleuse beauté, où, déjà mieux que partout ailleurs, l'âme se sent à l'aise pour s'élever à Dieu par la prière.

## XI.

Nous avons précédemment parlé des acquisitions faites par l'Etat pour le dégagement de la cathédrale. En 1842, M. Delarue proposa plusieurs projets qui, en achevant ce dégagement, devaient rendre plus facile l'accès du monument. Nous trouvons la trace de ces projets dans la *Province du Maine* du 22 mai 1845, où nous lisons nº 11, p. 3 : « La place Saint-Michel sera mise en communication « avec celle des Jacobins, au moyen d'une pente douce et de

(1) Dans la réunion du 14 mars 1844 de la Société française pour la conservation des monuments historiques, M. Châtel présenta une aquarelle de plus d'un mètre de longueur représentant les peintures de la chapelle de la Vierge. « Le « travail de M. Châtel, dit le procès-verbal de la séance, est fini, consciencieux « et d'une grande exactitude; il fait le plus grand honneur à son auteur. On « ne pouvait mieux rendre la délicatesse de ces peintures, si avancées pour « l'époque qu'on a peine à n'y pas voir un reflet de la peinture italienne du « temps. *Archives historiques*, p. 93.

« quelques degrés... ; la place du Château sera mise également « en communication avec la place des Jacobins, par une rue qui « traversera l'ancien évêché... »

Pour réaliser la première partie de ce programme, il fallait acheter la maison dite de Saint-Bertrand (1), ayant appartenu en dernier lieu à M. l'abbé Bureau, curé de la cathédrale. Les héritiers consentaient à la vendre 24,000 francs. Le conseil général de la Sarthe et le conseil municipal de la ville du Mans voulaient bien contribuer chacun pour un tiers à la dépense d'acquisition de la maison et de construction d'un escalier d'accès, si l'État donnait le dernier tiers. Le ministre des cultes refusa tout d'abord de s'associer à ce projet qui paraissait n'intéresser la cathédrale que bien indirectement. Sur de nouvelles instances qui lui furent faites, il consentit le 17 janvier 1845 à supporter le tiers de cette dépense.

En démolissant la maison Bureau, l'on ne tarda pas à reconnaître qu'on ne pouvait conserver la construction faite en 1810 pour servir de psallette et de salle capitulaire. Ce bâtiment n'avait point de fondation et était tout entier appuyé sur le mur de la maison Bureau. Le 15 octobre 1849, le ministre des cultes en autorisa d'urgence la démolition.

M. Delarue proposa à l'État en 1847, de reconstruire la psallette et la salle capitulaire : il désirait abaisser l'ancien jardin du chapitre et le clore par une grille du côté de la place des Jacobins. Ces propositions n'ayant pas été agréées, il les renouvela en 1848 pour l'exercice 1849, demandant seulement à construire un revestiaire pour l'évêque et les chanoines, et que l'État fît l'acquisition de la maison Desjobert, rue du Doyenné, 9, où la psallette avait été installée provisoirement.

La crise politique que traversait la France était peu favorable à

(1) La maison de saint Bertrand était une des plus anciennes propriétés du chapitre ; elle avait servi de demeure aux évêques du Mans, jusqu'au moment où ils transportèrent leur habitation du côté septentrional de la Cathédrale. Au moment de la Révolution, elle était occupée, à vie canoniale, par M. le chanoine Herpallier du Chesneau. Sauf une porte du XVe siècle et une charmante fenêtre de la Renaissance, elle n'offrait rien de remarquable au point de vue architectural. Mais elle avait à l'intérieur de nombreuses boiseries de la Renaissance et une délicieuse porte à personnages et à riches ornements sculptés, qui sont aujourd'hui au Musée archéologique.

l'exécution des projets que M. Delarue avait formés pour le dégagement de la cathédrale et la reconstruction des bâtiments annexes. M. Delarue ne tarda pas, d'ailleurs, à être remplacé dans la direction des travaux des édifices diocésains par un architecte de Paris, nommé par le ministre des cultes.

Au commencement de l'année 1849, les journaux annoncèrent que le service des architectes diocésains allait être réorganisé, et que le diocèse du Mans serait confié à M. Lassus, déjà chargé de la cathédrale de Chartres, et bientôt après, de la restauration de la sainte chapelle à Paris.

Mgr Bouvier s'émut de cette nouvelle, et le 25 janvier 1849 il écrivit au ministre des cultes : « Un changement aussi brusque, sans « aucun égard pour un architecte qui a beaucoup travaillé et avec « intelligence, sans que le préfet et moi ayons reçu ni demande ni « avertissement, ni renseignement quelconque, a de quoi nous causer « au moins de l'étonnement... »

« Comment, ajoutait-il, un architecte demeurant à Paris pourra-t-« il veiller convenablement à l'entretien de nos édifices diocésains, « et surveiller habituellement tout ce qui devra s'y faire ?... Qu'un « inspecteur très-capable eût été chargé de visiter nos monuments, « d'examiner ce qu'il convient d'y faire, de contrôler l'exécution des « travaux, et la loyale application des fonds employés, nous ne ver-« rions dans cette mesure qu'une sage précaution, dont personne « n'aurait raisonnablement droit de se plaindre. »

Ces réclamations, auxquelles se joignirent le préfet de la Sarthe et le conseil général, n'eurent aucun résultat ; et le 30 mars 1849, le ministre des cultes annonçait officiellement à Mgr Bouvier qu'il venait de nommer architecte diocésain du Mans M. Lassus « à qui, disait-il, « ses travaux d'architecture religieuse et sa grande expérience des « constructions du moyen-âge ont fait une légitime réputation. »

Le 25 juin suivant, M. Lassus choisit pour son représentant officiel au Mans, sous le titre d'inspecteur diocésain, M. Leboucher ; et en juillet 1851, après la mort de M. Leboucher, M. Alfred Tessier, l'un et l'autre élèves de M. l'abbé Tournesac.

L'opposition de Mgr Bouvier à la nomination du nouvel architecte n'avait d'ailleurs rien de personnel à M. Lassus qui ne tarda pas à se faire justement apprécier par l'aménité de son caractère plein d'obligeance, par son incontestable talent et ses connaissances archéologiques, et par l'active impulsion qu'il donna aux travaux exécutés à la cathédrale. Ses relations, avec les employés du ministère des cultes et avec les membres du Comité d'inspection des édifices diocésains, donnaient plus d'autorité aux propositions qu'il faisait dans l'intérêt du monument qui lui était confié, lequel profita du crédit dont jouissait l'architecte.

## XII.

L'installation commode et convenable d'une sacristie qui n'obstrue pas le monument principal, est dans la moindre église un problème toujours difficile à résoudre pour un architecte. La difficulté est bien plus grande quand il s'agit d'une cathédrale où il faut pourvoir aux besoins de l'évêque, du chapitre et du clergé paroissial.

Cette question était une des premières qui s'imposait au nouvel architecte de la cathédrale. M. Delarue avait installé le revestiaire des chanoines dans la sacristie paroissiale, et cette dernière avait été mise dans une des chapelles de la cathédrale. Cette organisation, si insuffisante et si incommode, était regardée comme absolument provisoire : elle existe pourtant encore aujourd'hui et nous n'en pouvons prévoir la fin.

En 1849 et en 1850, M. Lassus proposa tout un ensemble de projets pour la construction d'un escalier faisant communiquer la place des Jacobins avec la place Saint-Michel, et pour l'organisation complète d'une salle capitulaire, d'un revestiaire pour l'évêque et les chanoines, et d'une sacristie de paroisse. Ce dernier projet, non suffisamment étudié, ne fut pas soumis au ministère des cultes. On se contenta de demander l'approbation de l'escalier. Le projet soumis au Conseil général de la Sarthe et au conseil municipal du Mans subit bien des modifications. On adopta enfin un plan qui réduisait à 29,767 francs la dépense totale, à laquelle l'État, le conseil général de la Sarthe et la ville du Mans, contribuèrent chacun pour un tiers. Soit par suite de l'insuffisance du crédit alloué à l'architecte, soit par suite du voisinage si imposant de la cathédrale, cet escalier paraît bien mesquin et bien peu digne du titre de *monumental* dont il fut d'abord décoré.

La démolition de l'ancienne psallette permit d'abaisser notablement le jardin du chapitre et les anciens murs de ville qui lui servent de clôture sur la place des Jacobins. Une large tranchée, ouverte dans ce jardin tout autour des murs des chapelles rayonnantes, dégagea ces chapelles et surtout la crypte si remarquable qui se trouve au-dessous de la chapelle de la Sainte-Vierge. Le 16 mars 1852, le ministre des cultes autorisa M. Lassus à faire emploi d'un crédit de 20,000 francs, accordé pour des travaux de décoration intérieure de la cathédrale, à restaurer extérieurement les murs si longtemps enfouis dans les terres, à faciliter le bon écoulement des eaux pluviales, et enfin à transformer le jardin du chapitre en une simple terrasse qui protége la cathédrale du côté de la place des Jacobins, sans nuire à l'effet de la magnifique abside de Saint-Julien. Ces travaux coûtèrent 35,000 francs, pour le paiement desquels un crédit fut alloué le 20 décembre 1852.

Le 12 avril 1793, l'État avait vendu comme bien national à M. Bardou-Boiquetin (1), l'ancien évêché du Mans pour la somme bien minime de 32,000 francs. L'on ne tarda pas à ressentir les funestes effets de cette vente, faite sans aucune garantie pour la cathédrale dont plusieurs chapelles forment un enclave dans l'ancien évêché. Dès le rétablissement du culte en 1802, le conseil de fabrique de la cathédrale ne cessa de réclamer contre les empiètements des propriétaires de l'évêché. Neuf délibérations de la fabrique sont relatives à ces plaintes : une en 1810, trois en 1817, une en 1818, quatre en 1834. En 1828, M. Delarue avait été obligé de faire un rapport sur le même objet ; et

(1) M. Bardou-Boiquetin, fut procureur-syndic du district de Fresnay, député à l'Assemblée législative de 1791 et enfin administrateur du Directoire du département de la Sarthe. Pour réaliser un profit immédiat, il ne craignit pas de démolir la magnifique chapelle construite par le cardinal Philippe de Luxembourg, l'un des chefs-d'œuvre les plus élégants de la Renaissance, dans sa période la plus pure.

Cet acte d'impie vandalisme ne l'enrichit pas. Il fut bientôt obligé de revendre l'évêché à M. Lepeltier Pierre-Félix-René-François, lequel le céda à son frère Pierre-René-André Lepeltier. C'est ce dernier qui revendit à l'État l'ancien évêché du Mans.

le 21 juillet 1851, M. le Directeur des domaines introduisait une action contre le sieur Lepeltier pour demander la restitution d'une cour, la fermeture d'une porte, la suppression d'une fosse à fumier, le rétablissement d'un mur de clôture, et enfin des dommages intérêts pour la destruction d'un mur dans les soubassements de la cathédrale et la démolition de la base d'un contrefort.

M. Lepeltier, effrayé de ces revendications, dont il ne pouvait méconnaître le bien-fondé, accepta d'abord une transaction qui donnait satisfaction à la cathédrale ; et enfin, en décembre 1852, il consentit à vendre à l'État pour 80,000 francs les anciens bâtiments de l'évêché, et une portion notable des terrains, de telle sorte que la cathédrale se trouvât désormais isolée de toute propriété privée. Cette négociation si importante subit bien des vicissitudes (1) : elle fut définitivement close par le décret du 12 mars 1853 qui autorisa le préfet de la Sarthe à signer l'acte d'acquisition.

Le 27 décembre suivant le ministre des cultes accorda 28.453 francs pour restauration des contreforts du transept nord, la reprise des soubassements de la cathédrale du côté de l'ancien évêché, et enfin la restauration extérieure des murs, des contreforts, de la galerie et de la couverture de la chapelle rayonnante la plus rapprochée du transept septentrional.

L'année suivante, le 30 mars 1854, un crédit de 24,500 francs fut alloué pour la reprise des contreforts et la restauration d'une seconde chapelle rayonnante. Ce travail si nécessaire fut fait avec le plus grand soin ; et chacune des années suivantes la cathédrale revit une de ses chapelles remise à neuf intérieurement et extérieurement.

En 1855, l'État ne pouvant plus continuer la location de la maison Desjobert, se décida à installer la psallette dans les bâtiments de l'ancien évêché qu'il venait d'acheter, et renonça à démolir ces bâtiments pour ouvrir une rue faisant communiquer la place du Château avec la place des Jacobins. Les travaux d'appropriation coûtèrent 13,162 francs.

(2) Dans cette circonstance, comme dans plusieurs autres semblables, M. le chanoine Dubois fut envoyé à Paris; et, par l'habileté avec laquelle il agit auprès du ministre des cultes et dans les bureaux du ministère, il obtint la réussite d'une affaire dont on désespérait.

## XIII.

Nous arrivons aux dernières années de l'épiscopat de Mgr Bouvier, et il nous reste à signaler quelques acquisitions ou travaux importants pour la cathédrale (1).

Le 31 juillet 1854, le ministre des cultes accorda 9,621 francs pour l'acquisition d'un orgue d'accompagnement, et il chargea M. Ducroquet, facteur à Paris, de fournir cet instrument. Depuis plusieurs années, M. l'abbé Blin (2), maître de chapelle, désirait vivement que la cathédrale du Mans possédât, comme toutes les grandes églises, un orgue pour l'accompagnement du plain-chant, et pour l'exécution plus convenable des morceaux de musique religieuse, en suppléant aux instrumentistes qu'il est toujours si difficile de se procurer.

Dans ce but, il s'était fait solliciteur, et il avait recueilli des souscriptions au moyen desquelles il s'engagea à supporter les frais du buffet d'orgue. Ce buffet fut exécuté par M. Blottière, sur les dessins de M. Lassus, et coûta 5,798 francs.

L'inauguration de l'orgue d'accompagnement n'eut lieu qu'après la mort de Mgr Bouvier, le 22 septembre 1855.

« L'établissement d'un orgue d'accompagnement dans le chœur

(1) Mgr Bouvier obtint encore, en 1846, un ornement épiscopal violet, garni de galons en argent, dont la dépense s'élevant à 2,500 francs fut payée par l'Etat. Le ministre des cultes envoya aussi, à la demande du vénérable prélat, plusieurs statues pour la décoration intérieure de la cathédrale : un Christ à la colonne, les statues de saint Gervais et de saint Protais et enfin celles de saint Julien et de saint Aldric. Le défaut d'emplacement convenable a rendu ces dons à peu près inutiles.

(2) La cathédrale du Mans a vu à la tête de sa psallette des maîtres de chapelle d'un grand mérite. Sans parler du célèbre compositeur Lesueur, elle posséda, de 1804 à 1819, Marc dont nous avons déjà parlé, et après lui Bertin, organiste du Grand-Saint-Pierre avant la Révolution, et, dit M. Boyer, digne de ses deux prédécesseurs. Mais nous ne saurions oublier M. l'abbé Blin qui, pendant vingt années (de 1844 à 1864), malgré les ressources extrêmement modiques mises à sa disposition, déploya le plus grand zèle pour l'exécution de la musique vraiment religieuse et pour la restauration du plain-chant à la cathédrale. Le jour de l'inauguration de l'orgue d'accompagnement il faisait chanter la sixième messe de sa composition : « Nous l'avons écoutée avec « une sérieuse attention, disait M. Boyer, et nous osons affirmer qu'elle n'est « point inférieure à celles que nous donnaient autrefois nos savants maîtres. »

« de notre belle cathédrale, dit M. Boyer, était désiré depuis long-
« temps, et notre maître de chapelle attendait avec impatience cet
« instrument si nécessaire pour soutenir et faire ressortir le chant.....
« L'*harmonium*, employé depuis quelques années dans la cathédrale,
« a été un heureux essai de l'effet que produit un bon accompagne-
« ment pour donner à la musique religieuse la majesté que réclame
« le culte divin ; mais tout le talent de l'accompagnateur ne pouvait
« suppléer à l'impuissance d'un si faible instrument dans un aussi
« grand édifice que l'église de Saint-Julien, et nous appelions de tous
« nos vœux le bel orgue..... que l'on croit surpasser tous ceux qui
« existent dans les églises de Paris (1). »

Comme souvenir de cette inauguration, et pour remplir les promesses faites à ceux qui avaient contribué à l'acquisition de l'orgue, M. l'abbé Blin fonda à perpétuité une messe dans la cathédrale, le jour de sainte Cécile.

## XIV.

Au commencement d'octobre 1854, quelques jours seulement avant de se mettre en route pour Rome, où l'appelait le Pape Pie IX, à l'occasion de la définition solennelle du dogme de l'Immaculée-Conception, Mgr Bouvier descendait dans la chapelle souterraine de la cathédrale pour bénir les caveaux, où ses trois prédécesseurs sur le siège du Mans depuis le Concordat allaient être déposés, et le tombeau dans lequel quelques mois plus tard, il devait venir reposer lui-même.

En 1770, Mgr de Grimaldi, évêque du Mans, avait fait établir dans cette même chapelle pour la sépulture des chanoines de la cathédrale des *Loculi* ou cases en forme de tiroirs profonds dans lesquels on introduisait le cercueil et qu'on fermait par une plaque scellée avec soin, sur laquelle on inscrivait le nom et les qualités du défunt. Ces quarante-cinq cases servirent pour la sépulture des chanoines, du 9 novembre 1771 au 31 octobre 1790, et du 18 janvier 1817 au

(1) *Inauguration de l'orgue d'accompagnement de la cathédrale du Mans*, par M. Boyer, in-8° de 14 pages, chez Julien, Lasnier et Cie.

20 mai 1830 (1). Après la révolution de 1830, le préfet de la Sarthe, M. Tourangin, défendit toute nouvelle inhumation des chanoines dans les caveaux de la cathédrale.

Les évêques avaient jusqu'à ce moment, choisi leur sépulture dans telle partie de la cathédrale qui leur agréait davantage. D'accord avec le chapitre, Mgr de Grimaldi adopta pour sa sépulture et celle des évêques du Mans ses successeurs, une vaste crypte ou caveau, joignant la chapelle souterraine, et située au-dessous et entre la chapelle de la Sainte-Vierge et le maître-autel de la cathédrale. Pour y accéder facilement, il fit établir une sorte d'avant caveau dont l'ouverture en forme de trappe était recouverte par le marche-pied de l'autel qui se trouvait alors derrière le maître-autel. Un escalier de sept marches conduit, sur le caveau proprement dit, à une ouverture qui se trouve encore à 4 mètres environ au dessus du sol. C'est par cette ouverture que le corps des évêques devait être introduit; et selon toute probabilité, Mgr de Grimaldi avait l'intention, suivant l'usage de saint Denis pour les rois de France, que le corps du dernier évêque décédé restât dans cet avant-caveau, en attendant son successeur.

Quoi qu'il en soit, toutes les dispositions prises pour la sépulture des évêques du Mans étaient restées sans effet jusqu'en 1837. Mgr de Grimaldi, passé à l'évêché de Noyon, mourut à Londres en 1808. Son successeur, Mgr de Gonssans, se réfugia pendant la Révolution à Paderborn, où il décéda. Sa dépouille mortelle fut déposée avec honneur dans la cathédrale, que des liens nombreux de confraternité unissent à celle du Mans.

Le premier évêque du Mans après le Concordat, Mgr de Pidoll mourut au Mans le 23 novembre 1819, et il fut enterré au rang des chanoines dans la chapelle souterraine de la cathédrale. Mgr de la Myre, son successeur, ayant donné sa démission de l'évêché du Mans, mourut au château de Gué-au-Trême, paroisse de Congis, dans le diocèse de Meaux, où il était allé passé quelque temps dans sa famille, et il fut enterré dans la chapelle de ce château le jour même de la préconisation de son successeur.

(1) Dans ses *Recherches sur la cathédrale du Mans*, M. le chanoine Persigan a donné la liste complète des chanoines enterrés dans la chapelle souterraine de N.-D. du Chevet.

Mgr Carron mourut au Mans le 27 août 1833; mais de malheureuses préventions politiques, dont il avait souffert pendant sa vie, le poursuivirent après sa mort. Le préfet du Mans, M. de Saint-Aignan, puis le ministre des cultes refusèrent obstinément la permission demandée d'inhumer le vénérable évêque dans les caveaux de la cathédrale. On dut le transporter au cimetière ordinaire de la ville.

Mgr Bouvier fit à plusieurs reprises les plus vives instances pour obtenir la cessation d'un état de choses qui affligeait les fidèles. Un nouveau cimetière de la ville du Mans avait d'ailleurs été béni en 1834; l'ancien cimetière avait cessé de servir pour les sépultures ; il allait bientôt être converti en des usages profanes, et toutes les familles, qui étaient en position de le faire, s'empressaient d'enlever et de transporter dans le nouveau cimetière ceux de leurs membres qui avaient été ensevelis dans l'ancien. L'on ne pouvait laisser plus longtemps dans ce cimetière le corps de Mgr Carron.

Enfin le 6 septembre 1837, Mgr Bouvier obtint l'autorisation de faire transporter dans les caveaux de la cathédrale les restes de ses deux derniers prédécesseurs : ceux de Mgr de Pidoll y reposaient déjà. La famille de la Myre consentit avec reconnaissance à la demande qu'on lui fit de reporter dans la cathédrale du Mans le corps du vénérable prélat (1).

La cérémonie fut fixée au 9 novembre 1837: le corps de Mgr Carron fut levé solennellement du cimetière et transporté à la cathédrale au milieu du concours de nombreux ecclésiastiques et des fidèles de la ville du Mans. Après la messe pontificale et les cinq absoutes, les corps des évêques furent mis dans les caveaux de la crypte préparée par Mgr de Grimaldi.

Cette crypte est très-convenable et peu de cathédrales en possèdent d'aussi bien disposées pour cet usage funèbre. Cependant lorsque la chapelle située au-dessous de N.-D. du Chevet eut été dégagée des terres qui la rendaient sombre et humide ; lorsque ses fenêtres ouvertes de nouveau y laissèrent pénétrer l'air et la lumière ; lorsque surtout les caveaux construits par Mgr de Grimaldi furent démolis, et que les murs et les voûtes réparés reprirent leur aspect pri-

(1) Par suite d'une regrettable erreur, le corps de Mgr de la Myre n'arriva au Mans que le 12 novembre, trois jours après la cérémonie.

mitif (1), cette chapelle parut d'un aspect si majestueux dans sa sévérité qu'on la jugea seule digne de servir à la sépulture des évêques du Mans.

Mgr Bouvier y fit donc creuser des caveaux en assez grand nombre pour pouvoir, selon toute probabilité, suffire pendant plusieurs sièles à la sépulture des évêques du Mans. Ces caveaux furent recouverts de dalles disposées de telle sorte qu'on peut facilement ouvrir et refermer chacun d'eux sans que la paverie en souffre. Il les bénit, comme nous l'avons dit, quelques jours seulement avant son départ pour Rome en 1854, et il y fit transporter, mais sans aucune solennité, les corps de ses trois prédécesseurs, Nos Seigneurs de Pidoll, de la Myre et Carron. Dieu ne lui laissa pas le temps d'achever ce qu'il se proposait de faire pour la décoration de la chapelle funéraire, et pour l'appropriation des tombes elles-mêmes au nouvel emplacement qu'on leur avait donné. Les deux successeurs de Mgr Bouvier ont complété cette œuvre, et ils ont fait de cette chapelle un lieu plein de dévotion où les prêtres et les fidèles aiment à se réunir, surtout aux anniversaires funèbres des évêques dont la mémoire leur est restée chère.

## XV.

Au moment où Mgr Bouvier, se rendant à Rome, était retenu à Lyon par les premières atteintes de la maladie qui devait l'emporter, plusieurs prêtres songèrent à lui offrir, au nom du clergé du Mans, un témoignage public d'amour et de vénération (2). La mort du véné-

(1) La dépense de restauration de la chapelle souterraine s'éleva à 23,177 francs. Le crédit pour solde de cette dépense fut ouvert le 12 juillet 1854. Les restes des chanoines, enlevés des caveaux de la chapelle souterraine, furent déposés le 7 décembre 1853 dans un des caveaux de la crypte réservée primitivement pour la sépulture des évêques.

(2) « Pour nous, disaient les promoteurs de cette idée dans leur circulaire « du 21 novembre 1854, Mgr Bouvier est bien plus qu'un évêque ordinaire. Il « est un compatriote, l'honneur et la gloire du pays. Elève des anciens du « sanctuaire, formé par des vieillards, vénérables débris de nos malheurs, il a « été pour nous le lien solide des deux âges, pour nous comme le canal des « traditions ecclésiastiques. Par lui, la Divine Providence a veillé sur l'Eglise du « Mans dans des temps difficiles; elle a voulu que privé des ressources qui ne nous « manquent pas à nous, il ait pu trouver, en lui-même et dans des travaux « presque sans maîtres, la science qui l'a fait notre maître à tous. Qui ne sait

rable prélat empêcha de donner suite à ce projet, pour lequel on avait recueilli de nombreuses souscriptions. Mais on pensa dès lors à rendre à sa mémoire l'hommage qu'on ne pouvait plus offrir à sa personne et à lui élever dans la cathédrale un monument qui perpétuât son souvenir.

Mgr Nanquette accueillit favorablement ce désir. Dès la première retraite pastorale qu'il réunit en 1856, il annonça au clergé du diocèse son intention d'élever un monument à son vénérable prédécesseur ; et il publia, sur le même sujet, le 20 janvier 1857, une circulaire où il nommait une commission chargée spécialement de s'occuper des moyens de réaliser ce projet.

Les souscriptions, recueillies dans les deux diocèses de Laval et du Mans, ne tardèrent pas à s'élever à 15,000 francs. Assurée de ressources suffisantes, la Commission chargea M. Lassus, architecte de la cathédrale, de préparer un projet. Malheureusement il mourut à Vichy le 16 juillet 1857, avant d'avoir pu s'occuper sérieusement du travail qu'il avait accepté avec plaisir, et dont on dut charger M. Boëswilvald son successeur. Ce changement d'architecte entraîna des délais, et le monument ne fut prêt que dans le courant de l'année 1861.

Pour l'inauguration, Mgr Nanquette profita de la retraite pastorale qui avait réuni au Mans un nombreux clergé. La veille de la clôture, le 9 août 1861, après un service solennel, M. l'abbé d'Alzon, qui avait prêché les exercices de la retraite, fit l'oraison funèbre de Mgr Bouvier ; et le clergé ne fut pas moins satisfait de ce dernier discours que des éloquentes et solides instructions données par le digne vicaire général de Nimes, supérieur des Pères Augustins de l'Assomption.

Le monument de Mgr Bouvier, en forme d'édicule, est décoré à la base d'un bas-relief rappelant le souvenir de la visite faite au prélat sur son lit de mort par le Souverain Pontife Pie IX ; au-dessus, dans

« que, depuis quarante-trois ans, soit comme membre, soit comme chef de « l'administration, Monseigneur a contribué plus que personne, à tout ce qui « s'est fait d'heureux, qu'il a procuré efficacement l'organisation de tout ce qui « existe ? Qui ne sait tout ce que nos œuvres diocésaines lui doivent de dévouement absolu, de générosité parfaite ? Oui, il est vrai de dire qu'il a très« rarement été donné à un autre de travailler aussi longtemps, aussi fruc« tueusement au bien d'un diocèse. »

l'intérieur d'une arcade ogivale, se trouve la statue à genoux de l'évêque du Mans (1). Des inscriptions donnent les dates principales de la vie et de la mort du vénérable prélat, et font connaître que le monument a été élevé par les dons des fidèles et du clergé (2).

La partie architecturale du monument fut confiée aux soins de M. Alban, entrepreneur des travaux de restauration de la cathédrale de Chartres, et coûta 2,789 francs. M. Chenillon (3) fut chargé de la statue et du bas-relief, pour lesquels il reçut 8,300 francs. Les autres frais accessoires : transport, mise en place du monument, honoraires de l'architecte, etc., s'élevèrent à 3,176 francs, soit en totalité 14,265 francs.

L'excédant de la souscription, et les intérêts produits pendant plusieurs années par le capital resté disponible, permirent de faire face à plusieurs dépenses qui étaient l'utile complément du monument élevé à la mémoire de Mgr Bouvier. On put mettre sur sa tombe une pierre tumulaire (4) et compléter la décoration de la chapelle souter-

(1) Dans une lettre du 28 mai 1858, M. Boëswilvald fait connaître « qu'il a « préféré une statue à genoux ; une figure couchée impliquant, pour ainsi dire, « la présence du corps dans le monument. »

(2) Dans un mémoire, lu le 10 février 1862 à la réunion de la Société Française d'Archéologie tenue au Mans sous la présidence de M. de Caumont, M. Ad. d'Espaulart a vivement critiqué le monument de Mgr Bouvier, dont aucune partie ne trouve grâce à ses yeux. Ces reproches sont peut-être fondés en ce qui concerne le choix du style du XIVe siècle pour un monument placé dans une cathédrale, qui est du XIIe et du XIIIe siècles. De plus en voulant trop respecter la fidélité historique dans le bas-relief, on est arrivé à une œuvre sans caractère et sans beauté, dont il est même difficile de saisir le sens. Les inscriptions en lettres onciales ne sont pas de nature à rendre cette intelligence facile aux fidèles. *De l'art religieux, considéré sous quelques unes de ses formes*, au Mans, in-8° de 28 pages chez Loger, Boulay et Cie, 1862.

(3) M. Chenillon, né au Lude, sculpteur de talent, plusieurs fois chargé de travaux pour la cathédrale de Paris, se trouvait naturellement désigné pour faire la statue tombale de Mgr Bouvier. Il avait en effet, à plusieurs reprises, reproduit avec une grande fidélité les traits du vénérable prélat : d'abord dans un petit buste, que beaucoup de personnes possèdent encore ; ensuite dans un très-beau buste en marbre blanc qu'à la demande de Mgr Fillion le ministre des beaux-arts a bien voulu donner au séminaire, et qui est posé sur le monument où le cœur de Mgr Bouvier est conservé. Une statue de saint Aldric, du même M. Chenillon, donnée à la cathédrale du Mans par le ministre des cultes, nous conserve aussi les traits de Mgr Bouvier.

(4) Cette pierre tumulaire reproduit l'image d'un évêque par une simple gravure au trait, remplie d'une incrustation aussi dure que la pierre elle-même. Elle a été faite par M. Gaullier sur les dessins de M. Steinhel et a coûté

raine en y élevant un autel et en faisant lambrisser les murs de belles et solides boiseries exécutées par M. Blottière. Ces derniers travaux ne furent faits qu'en 1866 et coûtèrent 1,200 francs.

## XVI

Mgr Nanquette fut intronisé sur le siége du Mans le 28 novembre 1855. Malgré le peu de durée de cet épiscopat, la cathédrale ne saurait en perdre le souvenir que lui rappellera toujours la refonte complète de ses cloches. Ce n'est pas cependant la seule chose qu'il ait tentée pour sa décoration.

Dès le commencement du Carême, en 1857, Mgr Nanquette donna des ordres pour dégager complétement le chœur de la cathédrale, en enlevant les deux autels qui étaient à l'entrée, les dossiers de toutes les stalles,et enfin la *Gloire* (1) qui se trouvait au fond du chœur.

Pour comprendre le travail exécuté par Mgr Nanquette il faut se rappeler ce qu'était en 1857 le chœur de la cathédrale (2). Près d'un siècle auparavant Mgr de Grimaldi y avait fait faire des changements considérables. Le jubé de l'architecte Hoyau, qui avait remplacé au commencement du XVIIe siècle le jubé du cardinal de Luxembourg, brisé par les protestants, fut détruit et plusieurs de ses parties entrèrent dans la composition des deux autels élevés à l'entrée du chœur et des deux portes de la sacristie et de la chapelle qui lui fait face. La grille qui séparait le sanctuaire du chœur fut supprimée, et à l'extrémité des stalles on établit deux trônes semblables, l'un, du côté de l'épître, servant à l'évêque, et l'autre, en face, transformé

440 francs. Des pierres tombales semblables ont été placées sur les caveaux des autres évêques du Mans, Nos Seigneurs de Pidoll, de la Myre, Carron, Nanquette et Fillion.

(1) Cette Gloire était en terre cuite avec des rayons en bois dorés. On y voyait au milieu de nuages, un agneau, un calice, l'arche d'alliance, des anges en adoration, etc. Mgr de Grimaldi l'avait fait faire en 1770, et elle avait été réparée par Mgr Carron.

(2) On peut se rendre compte de l'état du chœur de la cathédrale en 1857, en étudiant les belles lithographies faites sur les dessins du baron de Vismes pour le *Maine* et *l'Anjou*. Voir aussi la statistique de l'arrondissement du Mans par M. Cauvin. Annuaire de 1833, page 114.

plus tard en un autel sur lequel on exposait les saintes huiles et les reliques. Derrière l'autel principal en marbre blanc, donné par Mgr de Grimaldi, et au-dessous de la *Gloire*, se trouvait un autel où l'on célébrait la messe après l'office de Prime. Dans cette arcade était placé le trésor de la cathédrale, dont les portes ouvraient en face de la chapelle de la Sainte-Vierge. Des grilles très-élevées fermaient l'entrée du chœur entre les deux autels dont nous avons parlé, et toutes les arcades qui n'étaient pas occupées par les stalles (1).

Le chœur de la cathédrale du Mans, comme celui de beaucoup d'autres églises, était donc presque complétement fermé. Sauf en se plaçant autour du chœur et dans quelques parties seulement de la nef, les fidèles se trouvaient complétement privés de la vue des cérémonies sacrées. Aussi applaudirent-ils généralement à ce dégagement de l'intérieur de la cathédrale, que quelques archéologues trouvèrent cependant excessif. Malheureusement on n'a pu remplacer les anciennes stalles dont les parties tournantes se prêtent mal à la disposition actuelle du chœur ; et peut-être attendrons-nous longtemps des stalles moins élevées, accompagnées de grilles qui ferment le chœur, sans nuire en rien à la vue de la merveilleuse disposition architecturale du chœur de Saint-Julien.

Les panneaux historiés des anciens dossiers des stalles ont été conservés avec soin : on a fait disparaître l'épaisse couche de peinture dont ils avaient été recouverts en 1832, et les plus beaux de ces panneaux ont été mis dans la sacristie, dont ils sont aujourd'hui un des ornements.

Le 18 août 1858 un orage épouvantable éclata dans l'après-midi sur la ville du Mans. Des grêlons énormes poussés par un vent impétueux de l'ouest brisèrent en quelques instants les vitres et les toitures exposées de ce côté. La cathédrale souffrit beaucoup. Un

(1) Les stalles hautes, au nombre de 50, étaient avant la Révolution occupées exclusivement par les chanoines : les stalles les plus honorables étaient à droite et à gauche, en entrant dans le chœur par la grille, et étaient occupées par le doyen, le chantre, le scholastique, etc., et par les autres chanoines suivant leur rang d'installation.

grand nombre de ses belles verrières du XIIIe siècle, dans les fenêtres du chœur, ou dans la chapelle de la Sainte-Vierge, fut littéralement criblé par la grêle. Comme nous l'avons dit, les verrières refaites en 1841 par MM. Delarue et Fialeix furent entièrement détruites, soit que les verres et les armatures fussent moins solides, soit qu'elles aient été plus exposées à l'ouragan.

Le jour même de cette catastrophe, Mgr Nanquette s'empressa d'en donner avis au ministre des cultes, qui envoya M. Boëswilvald pour se rendre compte de l'étendue du désastre et des moyens à prendre pour le réparer.

Quelques jours après, l'Empereur Napoléon III passait au Mans au retour du voyage en Bretagne, et il s'empressait de promettre son concours pour la réparation des dommages soufferts par la cathédrale. Malgré la bonne volonté qu'on témoignait, Mgr Nanquette ne devait pas avoir la consolation de voir réparés les vitraux de sa cathédrale.

En enlevant les vitraux brisés, on s'aperçut que les meneaux des fenêtres où ils devaient être reposés étaient eux-mêmes complétement usés, et qu'il était urgent de les refaire entièrement. Ce travail fut long et très-coûteux.

Le 21 juin 1859, le ministre des cultes ouvrit un crédit de 2,343 francs pour payer la dépense des travaux faits pour la conservation des vitraux endommagés par la grêle. Mgr Nanquette fit des instances assez vives auprès du ministre pour obtenir que le travail de restauration fut confié aux Carmélites du Mans. Outre l'économie et l'avantage de ne pas transporter au loin les vitraux à réparer, il faisait valoir les talents des deux frères Kuchelbeker, artistes allemands qui étaient à la tête de l'atelier, et les connaissances archéologiques de M. Hucher, qui avait fait une étude spéciale des vitraux de la cathédrale dont il possédait les calques. Malgré ces instances, le ministre des cultes donna la préférence à MM. Coffetier et Lusson (1) qui devaient travailler l'un et l'autre avec le concours de M. Steinhel. La dépense de restauration complète des vitraux brisés du chœur de la cathédrale était estimée à 27,752 francs. Le ministère des cultes

(1) Nous avons déjà parlé de M. Lusson. Il avait transféré à Paris sa manufacture de vitraux; et c'est avec une bien légitime satisfaction qu'il se trouva appelé à travailler pour la cathédrale de Saint-Julien.

contribuait à la dépense pour 11,475 francs, et le ministère d'Etat pour 16,277 francs. Un peu plus tard on alloua un nouveau crédit de 6,665 francs ; et enfin, d'après un compte de 1867, la dépense totale s'éleva à 42,607 francs.

## XVII

Le 21 mai 1854, pendant qu'on sonnait pour la procession des enfants qui avaient fait leur première communion, le bourdon se brisa tout à coup. La plus grosse cloche était déjà depuis quelque temps hors de service, et la cathédrale se trouvait ainsi réduite à trois cloches d'un poids assez minime.

Dès son arrivée dans le diocèse du Mans, Mgr Nanquette s'occupa de la refonte générale de ces cloches, et de l'installation dans la tour de la cathédrale d'un beffroi nouveau. « Le beffroi actuel, disait « M. Bollée dans un rapport adressé à M. Lassus, est fort mal fait, « et ne repose pas sur sa base naturelle. »

« La tour de la cathédrale est fort épaisse depuis sa base jusqu'à « une hauteur assez grande. A cette hauteur les murs deviennent « moins épais et sont en retrait sur les premiers murs. La place « naturelle de la base du beffroi est sur cette retraite des murs. Au « contraire le beffroi actuel est élevé plus haut, dans la partie la plus « faible, qui ébranlée forme pour ainsi dire un long levier pour com- « muniquer cet ébranlement au reste de la tour. »

« On doit conclure que la tour de la cathédrale est très-solide pour « n'avoir pas été détruite par une pose de beffroi si mal entendue. »

« La puissance d'ébranlement produit par les cloches est encore « augmentée en ce que le beffroi actuel étant très-court et ayant peu « de pesanteur de bois, le mouvement centrifuge des cloches ne se « trouve neutralisé ni dans la masse des bois ni dans l'élévation du « beffroi ; mais au contraire ce mouvement d'ébranlement se com- « munique presque aussi puissamment que si les axes reposaient « directement dans les murs. »

« Non-seulement le beffroi est trop court, mais encore l'assemblage « en est fort mauvais, de sorte que, quand on sonne, il y a une « espèce de disloquement qui donne des soubresauts au monument,

« et des contre-coups à la marche des battants qui ont certainement « été une des principales causes de l'accident arrivé au bourdon à la « fin du mois de mai 1854 (1). »

M. Bollée présenta un projet de beffroi qui fut exécuté en 1858, et pour lequel l'Etat accorda, le 12 avril 1858, 14,858 francs.

Le 12 janvier 1859, Mgr Nanquette, agissant en son nom et comme représentant la fabrique de la cathédrale, signa avec M. Bollée, fondeur au Mans, le traité pour la refonte des cloches.

M. Bollée s'engageait envers la fabrique à reconstituer une sonnerie parfaitement harmonique composée :

| | | |
|---|---|---|
| 1. D'un bourdon devant peser . . . . . . | 6,750 | kilogrammes. |
| 2. D'une première cloche, devant peser. . | 2,500 | » |
| 3. D'une seconde cloche, id. | 1,720 | » |
| 4. D'une troisième cloche, id. | 1,230 | » |
| 5. D'une quatrième cloche, id. | 1,000 | » |
| 6. D'une cinquième cloche, id. | 700 | » |
| Total général. . . . . | 13,900 | kilogrammes. |

A raison de 3 fr. 80 le kilogramme et des frais accessoires, la dépense totale s'élevait à 58,780 francs.

Pour y faire face la fabrique de la cathédrale pouvait disposer du métal des anciennes cloches dont la valeur était estimée à 31,892 francs. L'Etat accorda un secours de 2,000 francs. Une souscription produisit plus de 20,000 francs (2). Mgr Nanquette, qui affecta au solde de la dépense un don de 5,000 francs mis à sa disposition par Mme la duchesse de Montmorency, put ainsi mener à bonne fin cette œuvre si considérable et d'un intérêt très-grand, non-seulement pour la cathédrale, mais pour la ville épiscopale tout entière.

(1) Nous ignorons à quelle époque cet ancien beffroi avait été établi. La raison qui l'avait fait placer si haut était de mieux faire entendre de partout le son des cloches, qui, de cette façon, passait directement au-dessus de la couverture du chœur. La disposition actuelle du beffroi nuit certainement à l'effet de la sonnerie de Saint-Julien.

(2) Mgr Nanquette, le chapitre de la cathédrale, MM. les chanoines honoraires, le grand et le petit séminaire figurent dans cette souscription pour 9,354 fr.; les paroisses de la ville du Mans, le lycée et les écoles, donnèrent 8,008 francs. Diverses offrandes particulières complétèrent les 20,000 francs.

La cérémonie de la bénédiction des nouvelles cloches eut lieu le 31 juillet 1859. L'église de Saint-Julien en a peu vu de plus solennelles, par suite de la présence des plus illustres familles du Maine, dont les représentants y figuraient comme parrains ou marraines des nouvelles cloches. Les inscriptions qui y furent gravées perpétueront le souvenir de cette grande solennité et celui des personnes qui y prirent une part principale. Nous les donnons telles qu'on les lit sur les cloches.

I. Je suis JULIEN-Cécile-Jacques, nommé et bénit par l'Ill. et RR. seigneur Jean-Jacques Nanquette, évêque du Mans. J'ai eu pour marraine Mme Marie-Cécile-Denise de Biré, marquise de la Girouardière. 1859.

*O Juliane, o pie, quam pium est gaudere de te ! O Juliane ad Cenom. a. B. Petro misse, Prophetis compar, Apostolis conserte, Præsulum gemma, ineffabili pietate clero populoque succurre, nunc et ante Deum.*

II. Je suis MARIE-Léonie-Amélie, nommée par M. Théophile-Léon Chevreau, chevalier de la Légion d'Honneur, préfet du département de la Sarthe, et par Mme Amélie Laffitte, épouse de M. de Bourqueney, chevalier de la Légion d'Honneur, receveur général du département de la Sarthe. J'ai été bénite par l'Ill. et RR. seigneur Jean-Jacques Nanquette, évêque du Mans. 1859.

*Gaude Maria Virgo, sine labe orig. concepta, glor. Dei puerp., alma hom. parens, nostraq. Cenomanor. ab apostol. ævo spec. patrona ; cunctas hær. sola interemisti in univ. mundo.*

III. Je suis GERVAISE-Adélaïde-Augustine, nommée par M. Auguste-Elisabeth-Joseph marquis de Talhouët-Roy, député et membre du conseil général du département de la Sarthe, et par Mme Adélaïde-Hyacinthe de Fougières, marquise Christian de Nicolay. J'ai été bénite par l'Ill. et RR. seigneur Jean-Jacques Nanquette, évêque du Mans. 1859.

*Istisunt angeli. solidati clarit. incl. mart. Mediolan. imo colon., Cenom., nostriq. a VI sec, patr., Gervasi et Protas., quorum germanitas a Christo inter imman. fuit fulcita tormenta.*

IV. Je suis PROTAISE-Ernestine-Philippine nommée par M. Charles-Léon-Ernest Leclerc, marquis de Juigné et par Mme Philippine-Caroline-Ferdinande-Louise Oudinot de Reggio, épouse de M. François-René-Joseph Cuillier-Perron. J'ai été bénite, etc...

*Laudo Deum verum, plebem voco, congrego clerum, defunctos ploro, nimbum fugo, festa decoro.*

V. Je suis LIBOIRE-Marie-Antoinette, nommée par M. Charles-Gabriel-Marie-Sosthène, comte et prince de la Rochefoucauld, duc de Bisaccia, et par Mme Marie-Antoinette-Clémence-Henriette de Francqueville, comtesse du Luart J'ai été bénite, etc...

*Maio 836, translat. corporis S. Liborii, a Cenom ad Paderborn. Hinc inter utramque eccl. fel. piaq. sodal., mutua observantia de sec. in sec., hucusque devinctior firmiorque.*

VI. Je suis ALDRIQUE-Joséphine-Charlotte, nommée par M. Guy-Charles-Henri d'Andigné de Restau, et par Mme Agathe-Marie-Maurice-Louise Magnan, épouse de M. Alphonse-Alfred Haentjens, chevalier de la Légion d'Honneur, et membre du conseil général du département de la Sarthe. J'ai été bénite, etc.....

*Med. IX sec. S. Aldricus, ep. Cenom., musicusq. exim, XII conflavit signa, quorum ex modulat., ad sing. cursus, et congregaretur populus, multimodaq. exornaretur Dei laus* (1).

Sur toutes ces cloches on a reproduit le monogramme du Christ et les armes de Sa Sainteté le Pape Pie IX, de Mgr Nanquette, du Chapitre et de la ville du Mans. Les images de la Sainte Vierge, de saint Julien et de saint Liboire ornent les cloches bénites sous ces noms. Un médaillon assez bien réussi nous montre saint Aldric bénissant les douze cloches dont il enrichit la cathédrale. Les noms des fondeurs, MM. Bollée père et fils, figurent avec honneur sur ces cloches dignes d'une réputation méritée par de longs et importants travaux.

Les parrains et marraines remirent à la cathédrale une offrande collective de 10,000 fr. Cette somme a été employée, croyons-nous, à l'acquisition des autels en cuivre doré qui ont été placés dans les chapelles rayonnantes de la cathédrale. D'après l'auteur des *Recherches sur la cathédrale du Mans*, ces autels ont été posés en 1866 et 1867. Ils ont été exécutés par M. Poussielgue de Paris, sur les dessins donnés par M. Boësvilvald, architecte de la cathédrale. Malheureusement les chapelles n'ont aucune décoration qui accompagne et fasse ressortir la beauté de ces autels.

(1) Les inscriptions mises sur les cloches ont été composées par M. le chanoine Lottin.

## XVIII

Succédant à Mgr Nanquette, Mgr Fillion prit possession de l'évêché du Mans le 3 juin 1862. Pendant son épiscopat de douze années, d'importants travaux ont été faits à la cathédrale (1). Nous avons eu déjà l'occasion de parler de la réparation aux sommiers des orgues, de la décoration de la chapelle funéraire des évêques du Mans, du pavage de la chapelle de la Sainte-Vierge, et des autels placés dans les chapelles rayonnantes. Enfin les armes du vénérable prélat, mises dans les vitraux du chœur restaurés, rappelleront aux siècles futurs que cet important travail a été terminé sous son épiscopat. Les travaux de restauration, étant à la charge de l'État et sous la direction à peu près exclusive de l'architecte diocésain, une fois soumis à l'approbation de l'autorité diocésaine, se commencent et s'achèvent quel que soit l'évêque qui se trouve à la tête du diocèse. Ils se prêtent donc peu à une classification rigoureuse par épiscopat. Il est souvent aussi très-difficile de connaître le chiffre exact de la dépense de chaque travail, parce que les approbations des travaux et les règlements de compte renferment plusieurs articles. Le 30 juin 1868, nous trouvons une ouverture de crédit pour solde d'une dépense de 78,851 fr. pour travaux de reconstruction des meneaux des fenêtres et restauration des arcs-boutants et des chapelles rayonnantes du côté nord de 1863 à 1867. Quelle est, dans cette dépense totale, la part affectée à la reconstruction des meneaux des fenêtres du chœur? Quelle est celle des chapelles rayonnantes du côté du nord? Rien ne l'indique.

Nous avons dit qu'en 1854 l'on avait commencé la restauration de ces chapelles. Le 1er mai 1855, pendant la vacance du siége qui suivit la mort de Mgr Bouvier, le ministre des cultes ouvrit un crédit

(1) Mgr Fillion a obtenu du ministre des cultes, à plusieurs reprises, des subventions importantes qui lui ont permis de doter la cathédrale de deux ornements pontificaux complets, l'un en drap d'or et l'autre en soie blanche, et d'un troisième en velours rouge. Il avait sollicité un dais, que le chasublier-brodeur n'a pu fournir qu'en 1876, et qui a été inauguré à la procession de la Fête-Dieu. Deux belles verrières de saint Joseph et de saint Charles Borromée ont été posées dans les chapelles : celle de saint Charles a été donnée par M. Edom, ancien recteur d'Académie.

de 45,412 fr. pour la restauration intérieure et extérieure de deux chapelles rayonnantes et pour la réfection d'un arc-boutant. Comme, sans compter la chapelle de la Sainte-Vierge, la cathédrale a douze chapelles rayonnantes, et que toutes ces chapelles, avec les arcs-boutants qui s'en détachent, ont été successivement réparées, l'on peut se rendre compte de l'énormité de la dépense. Nous voyons en effet le 8 mai 1856 pour cet objet une ouverture de crédit de 20,000 fr.; et en 1857, de 23,939 fr. En 1859, M. Boësvilvald demande 75,000 fr. pour les arcs-boutants et les verrières; en 1861, 38,437 fr.; et en 1868 17,938 fr. L'année suivante, en 1869, l'on accorda un double crédit s'élevant à 30,703 fr. pour la restauration de la chapelle de la Sainte-Vierge, qu'en raison même de son importance on avait jusqu'alors laissée de côté.

En 1861, le chœur fut rétréci, et l'on reprit la base de trois de ses colonnes : cette dépense s'éleva à 7,685 fr. Enfin en 1873 et 1874 des travaux très-importants furent faits pour la restauration du transept septentrional et des galeries du grand comble du chœur de la cathédrale. Quoique les balustrades ne soient pas encore reposées, la dépense s'est élevée à 54,625 fr.

Malgré le nombre et l'importance de ces travaux de restauration exécutés à la cathédrale, il en reste encore beaucoup à faire et plusieurs sont très-urgents. Nous avons l'espoir que, par sa haute influence et son goût éclairé, Mgr d'Outremont fera beaucoup pour la conservation et la décoration de la magnifique cathédrale de Saint-Julien, et que son épiscopat y laissera de glorieuses traces. Dès la première année, nous avons vu réparer les arcs-doubleaux de la nef et enlever de la voûte l'épais badigeon qui en couvrait l'appareil. Quatre lancettes des anciens vitraux de la chapelle de la Sainte-Vierge ont été remises en place; et la chapelle de Sainte-Scholastique a été décorée de trois magnifiques verrières neuves qui, avec la légende de la patronne de la chapelle, nous donnent celles de sainte Marie-Madeleine et de sainte Cécile (1).

(1) Un legs fait il y a quelques années à la cathédrale par Mme la marquise de la Girouardière, née Marie-Cécile-Denise de Biré, a été employé à l'acquisition de ces verrières.

Nous nous arrêtons et nous terminons ce travail, long peut-être, mais pourtant encore trop incomplet. Peut-être a-t il servi à rappeler et à préciser les souvenirs de ceux qui ont été témoins de quelques-uns des faits que nous avons mentionnés Nous espérons du moins qu'un jour on trouvera quelque intérêt à connaître ce qui s'est fait pour la cathédrale de Saint-Julien dans notre XIXe siècle, pourtant si plein de misères de toutes sortes et si troublé par la Révolution.

## UNE VERRIÈRE DE LA CHAPELLE DE LA SAINTE-VIERGE

Lorsqu'un vitrail reproduit la légende d'un saint, il suffit pour comprendre le sujet de chaque médaillon de connaître l'histoire du saint, surtout d'après la *légende dorée*, qui était au moyen âge le manuel des artistes aussi bien que des fidèles. Il en est de même des mystères de Notre Seigneur et de la Sainte Vierge: la connaissance de l'Ecriture sainte est presque toujours suffisante pour nous donner une facile interprétation du vitrail. « Mais au moyen âge on ne « représentait pas les sujets tirés, soit de l'Ecriture sainte, soit de « l'Histoire ecclésiastique dans le but de montrer une simple réalité. « Sous les formes données par l'histoire sainte, au delà des actions « dont elle expose l'accomplissement, une réalité plus haute appelait « ces esprits, sérieux à la fois et enthousiastes, vers les conseils qui « avaient dirigé tant d'événements. Dans la seule histoire écrite sous « la dictée de l'Esprit-Saint, on voulait lire comment et pourquoi « tandis que l'homme s'agite c'est Dieu qui le mène. »

Ces réflexions du P. Arthur Martin, dans son travail (1) sur les

(1) *Monographie des vitraux de Bourges.*

vitraux de la cathédrale de Bourges, s'appliquent à la verrière, dite de la nouvelle alliance, dans laquelle chaque scène particulière tend à montrer l'idée principale de tout l'ensemble qui est l'élection des gentils et leur appel à la foi en remplacement du peuple juif.

Une des verrières, nouvellement replacées au fond de l'abside de la chapelle de la Sainte-Vierge, reproduit un sujet analogue, mais avec quelques modifications. Il nous a semblé qu'il ne serait pas sans intérêt d'étudier ce vitrail, du plus pur XIIIe siècle, si admirable par la manière dont les sujets sont traités, par l'éclat et l'agencement des couleurs, mais surtout par l'enseignement que nous y pouvons trouver.

Il se compose de quatre panneaux : les trois premiers renferment un médaillon à quatre feuilles, plus considérable et placé au milieu, entouré de quatre médaillons plus petits en forme d'amande ou d'ellipse tronquées. Le panneau du haut ne contient qu'un médaillon plus grand et deux accessoires. Soit, en totalité, quatre médaillons principaux et quatorze accessoires (1).

1. Le premier grand médaillon nous montre Jésus-Christ montant au Calvaire, appelant Simon-le-Cyrénéen à porter la croix.

« Pendant que la foule des juifs accompagne Jésus, dit saint « Léon (2), on trouva un certain Simon de Cyrène, sur lequel le « Seigneur fit transmettre sa croix, pour préfigurer par là la foi des « gentils, pour qui la croix de J.-C. devait être glorieuse, et non un « objet de honte. Ce ne fut pas par hasard, mais bien par une figure « mystique, que pendant que les Juifs sévissent contre N. S. un « étranger est appelé à partager ses souffrances. »

Les quatre médaillons accessoires de ce panneau sont :

1° Isaac portant le bois du sacrifice que son père doit offrir sur le mont Moria ; et pour qu'on ne se trompe pas sur le sens de cette figure, dans notre vitrail les deux bois que porte Isaac forment une croix. « Les deux serviteurs laissés en arrière, dit saint Pierre « Damien (3), signifient les Juifs. Les Juifs, agissant comme des

(1) Comme dans toutes les verrières, on doit aller de bas en haut pour la lecture de ce vitrail.

(2) Saint Léon, *Sermon VIII sur la Passion.*

(3) Saint Pierre Damien, *Sermon sur l'Invention de la Sainte-Croix.*

« esclaves, et n'ayant que la prudence de la chair, ne comprirent « point la sublime humilité du Sauveur..... L'âne dont Abraham se « servait figurait la folie si profonde du peuple Juif, cependant « dépositaire de toutes les figures. Mais comme un animal sans raison « cette folie ignorait ce qu'elle portait. »

2° Isaac est prêt d'être immolé quand Dieu arrête le bras d'Abraham, et lui fait par serment la promesse d'un Rédempteur futur.

3° Abel succombe sous les coups de Caïn, son frère, qu'excite le démon de l'envie.

« Cette première victime de la violence, ce sang versé par l'envie « d'un frère, et dont le cri monte au trône de Dieu pour accuser l'as- « sassin, cet homicide que le Seigneur prend sous sa sauvegarde tout en « le signalant à la malédiction générale ; quel sujet de rapprochements « pour retracer la mort du juste par excellence !... L'aveugle jalousie « des prêtres juifs les précipite à leur perte ; c'est leur propre ruine « qu'ils consomment en se proposant d'assouvir leur vengeance (1). »

4° Jacob mourant bénit les deux enfants de Joseph. « Jacob, nous « dit encore saint Pierre Damien (2), figure le mystère de la croix « lorsque, préférant Ephraïm le plus jeune à Manassé le premier né, « il étendit sur leur tête ses bras en forme de croix. C'est par la croix, « en effet, que le peuple gentil enlevant pour ainsi dire les droits du « premier né, a précédé le peuple juif. »

Dans cette circonstance Joseph est lui-même une figure de N. S. C'est par Joseph que sont présentés à Jacob les deux enfants nés d'une mère étrangère, et à son intercession ils sont admis dans le peuple de Dieu. Joseph ne fait cela qu'après avoir échappé aux embûches de ses frères. De même Jésus-Christ, après sa résurrection, nous présente tous, Juifs et Gentils, à son Père. Ce n'est que par lui que nous avons accès auprès de Dieu ; mais les Juifs sont au second rang, à cause du crime dont ils se sont rendus coupables.

II. Le grand médaillon du second panneau nous montre le crucifiement. A la droite du Sauveur est la Sainte Vierge ; à la gauche, l'apôtre saint Jean.

Dans cette partie, le vitrail de Bourges est bien plus caractérisé que

(1) P. Arthur Martin, *Monographie des vitraux de Bourges.*
(2) Saint Pierre Damien, *Sermon sur l'Invention de la Sainte Croix.*

celui du Mans et exprime bien plus clairement le choix de l'Église, en remplacement de la Synagogue. A la droite du Sauveur nous voyons l'Eglise couronnée, recevant dans un vase le sang du Fils de Dieu, principe du sacrifice, du sacerdoce et des sacrements. A la gauche, au contraire, se trouve la synagogue qui porte un bandeau sur les yeux. De sa tête, qui se détourne du Sauveur, tombe une couronne, et la hampe de son étendard se brise entre ses mains (1).

Les sujets accessoires sont :

1° Moïse frappant le rocher et faisant jaillir l'eau qui doit désaltérer le peuple de Dieu.

2° Le serpent d'airain élevé par Moïse, et à la vue duquel étaient guéris les Juifs mordus par les serpents de feu.

3° Le sacrifice de l'agneau pascal et l'inscription du T avec le sang de cet agneau sur la porte de toutes les demeures du peuple israélite en Égypte.

Tous ces faits sont des figures prophétiques bien connues de la passion de N. S., et des effets qu'elle devait produire pour le salut des hommes.

4° Le quatrième médaillon nous montre le prophète Élie rencontrant la veuve de Sarepta, laquelle ramasse les bois qui doivent servir à préparer le reste de ses provisions. « Élie, dit saint Augustin (2) est « envoyé à une veuve étrangère pour qu'elle le nourrisse, et cette « veuve voulait recueillir deux bois avant de mourir. Non-« lement le nom de bois, mais le nombre des bois exprime la « croix et est en une figure. » Pour le mieux faire comprendre, notre vitrail nous montre la veuve de Sarepta tenant les deux bois en croix. Son fils est à côté d'elle : il a deux visages et un vêtement

(1) S'il ne se trouve pas dans le vitrail que nous décrivons, le même sujet a été cependant traité dans les verrières de la cathédrale du Mans d'une manière encore plus significative. Nous y voyons d'une part la Synagogue s'évanouissant dans les bras d'Aaron qui s'efforce, avec une compassion impuissante, de rendre sa chute moins lourde et moins funeste. Mais de l'autre côté l'Eglise debout et nimbée, revêtue d'un manteau royal, est couronnée par saint Pierre qui a reçu la promesse d'un pontificat indéfectible. L'inscription à demi effacée *Petrus Ecclesia* ne laisse aucun doute sur le sens de cette verrière.

(2) Saint Augustin, contre Faust, XII, 34.

d'une double couleur, pour rappeler qu'ayant été ressuscité par Élie il eut une double existence.

III. Le troisième panneau est consacré à la resurrection du Sauveur. Dans le grand médaillon nous voyons Jésus sortant du tombeau ; deux anges sont à ses côtés, et au-dessous les gardes sont endormis. En représentant les soldats endormis, les artistes du moyen âge n'ont pas voulu consacrer la fable inventée par les Juifs, mais exprimer une idée symbolique. « Que signifie cela, dit saint « Isidore? Les Juifs poursuivaient Notre Seigneur, mais en le pour- « suivant ils dormaient, parce que leur cœur ne veillait pas Ils dorment « de leur vie ancienne et ne s'éveillent pas à la vie nouvelle à « laquelle ils sont appelés. Le Christ vient et ne les tue pas. Mais il « leur enlève la coupe où ils boivent l'eau, c'est-à dire la grâce de « l'ancienne loi. Il enlève aussi le sceptre royal, c'est-à-dire la « puissance de se gouverner qu'ils estimaient souverainement et « pour laquelle ils veillaient à leur défense temporelle. »

Les médaillons accessoires sont :

1° Élisée ressuscitant l'enfant de la Sunamite. En vain il avait envoyé son serviteur Giezi pour opérer le miracle : il dut venir lui même ; et, nous dit la sainte Ecriture : « Il monta sur le lit et se « coucha sur l'enfant : il mit sa bouche sur sa bouche, ses yeux sur « ses yeux et ses mains sur ses mains, et il se courba sur l'enfant. » Touchante image et figure prophétique de l'incarnation du Sauveur se faisant homme pour nous rendre la vie.

2° Jonas sort du ventre de la baleine, figure bien connue de la résurrection du Seigneur.

3° Le pélican sur son nid ressuscite ses petits que le serpent a fait périr. — Hugues de Saint-Victor nous donne une autre explication : « Physiologue rapporte du pélican, dit-il, qu'il aime déme- « surément ses petits. Lorsqu'ils sont venus au monde et qu'ils ont « commencé à grandir, ils frappent à la face leurs parents. Les « parents irrités les frappent à leur tour et les tuent ; mais la mère, « le troisième jour de leur décès, touchée de compassion, s'ouvrant le « sein avec le bec, répand son sang sur ses petits et leur rend la vie. »

Pour mieux faire comprendre le sens de cette figure nous voyons dans le même médaillon le saint roi David qui a annoncé prophétiquement que le Sauveur serait semblable au pélican du désert (1).

4° Un lionceau est ressuscité par le lion.

Rappelant que le Christ a été appelé le lionceau de Juda, Origène dit (2) : « Dans le Physiologue il est écrit du lionceau que lorsqu'il « est né il commence par dormir trois jours et trois nuits. Alors « après cela, éveillé par les rugissements de son père, il sort de son « sommeil. Vous vous êtes reposé comme le lion, est-il dit de Jésus, et « comme un lionceau. Le repos et le sommeil doivent s'entendre « évidemment de la passion et de la mort du Sauveur et son réveil « de sa résurrection. »

Le Physiologue que citaient Hugues de Saint-Victor et Origène, était un traité d'histoire naturelle, résumé de ce qu'avaient enseigné Aristote, Pline, Elien, etc. Le P. Arthur Martin fait une juste et bien importante réflexion à ce sujet. « Qu'Elien, Pline, ou tout « autre naturaliste classique, dit-il, entasse les fables les plus « puériles dans des ouvrages scientifiques, c'est le malheur des « temps. Mais qu'un moine ou un évêque, sur la foi de ces doctes « modèles, leur fasse quelque emprunt pour un sujet de piété, c'est « l'opprobre de leur profession, c'est la honte de l'âge où ils vé- « curent; et si on ne l'articule pas, on le donne à entendre, l'Eglise « de J.-C. est convaincue de fomenter, d'engendrer même et d'éter- « niser les ténèbres. »

IV. Le quatrième panneau nous montre le résultat définitif de la passion et de la résurrection du Seigneur Jésus : la résurrection au dernier jour, et la vie éternelle des élus.

Dans le médaillon principal nous voyons Jésus assis pour juger le monde ; les anges tiennent les instruments de la Passion : la croix et la lance.

Dans les deux médaillons accessoires se trouve la résurrection des morts que les anges appellent au jugement.

(1) Psaume 101, 7. — Il ne s'agit point ici du pélican nourrissant ses petits avec son sang, figure de la sainte Eucharistie, mais peu usitée au moyen âge. Cette figure n'aurait eu d'ailleurs aucun rapport avec la résurrection du Sauveur.

(2) Homélie sur la Genèse.

Puissions-nous ne jamais oublier ce jour où « nous serons là, « debout devant le juge sévère, à qui rien n'est caché, qu'on n'apaise « pas par des présents, qui ne reçoit pas d'excuses, mais qui jugera « selon la justice. » — *Imitation* (liv. I, ch. XXIV.)

# TABLE



Le Mans. — Imp. Leguicheux-Gallienne, rue Marchande, 15.

www.ingramcontent.com/pod-product-compliance
Ingram Content Group UK Ltd.
Pitfield, Milton Keynes, MK11 3LW, UK
UKHW012104240726
13965UKWH00004B/1531